닥터앤닥터 육아일기

닥터앤닥터 육아일기

① 임신과 출산

글·그림 **닥터베르**

일러두기
본 작품에 등장하는 병원명은 실제와 무관합니다.

prologue

닥터앤닥터 육아일기는

산부인과 전문의 엄마가 낳고

공학박사 아빠가 논문을 보며
아이를 키우는

완벽한 육아 이야기…

일 것 같지만

실제론 수많은 두려움과 싸우고

절망하고 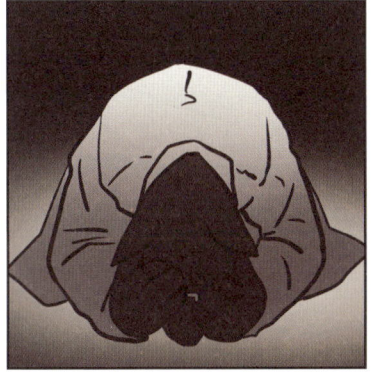 실수하고 당황하며

갈등하고 고뇌하는 이야기.  사랑하는 두 사람이

세 사람이 되고

새로운 행복을 찾아가는 이야기…

라고 요약하기엔

너무나 익스트림하고

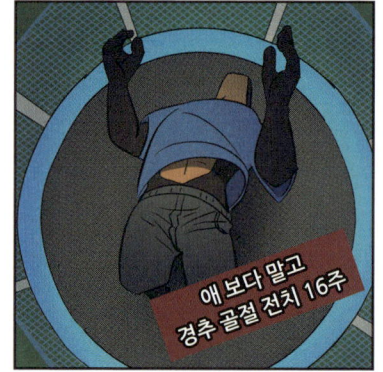

예측 불가능한 이야기들.

이 작품에 달린 베스트 댓글.

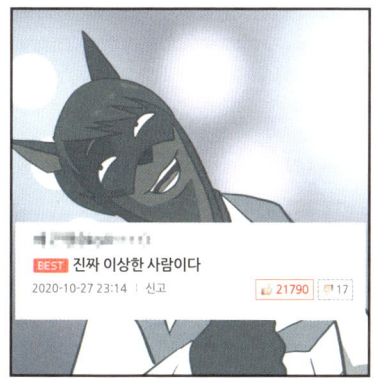 

차례

prologue		005
episode 1	닥터 베르	013
episode 2	닥터 안다	023
episode 3	신생아 돌보기	033
episode 4	역지사지 1	041
episode 5	역지사지 2	053
episode 6	엄마 닥터	065
episode 7	아빠 닥터 1	077
episode 8	아빠 닥터 2	089
episode 9	안녕, 우리 아가 1	100
episode 10	안녕, 우리 아가 2	110
episode 11	안녕, 우리 아가 3	120
episode 12	안녕, 우리 아가 4	130
episode 13	안녕, 우리 아가 5	142
episode 14	안녕, 우리 아가 6	152
episode 15	안녕, 우리 아가 7	161
episode 16	그래도 삶은 계속된다	173
episode 17	생일 축하해	184
episode 18	임신과 반려동물	197

episode 19	**선택의 문제**	208
episode 20	**오 마이 드림카**	219
episode 21	**두 번째 기회**	230
episode 22	**태교 1**	241
episode 23	**태교 2**	251
episode 24	**태교 3**	261
episode 25	**태교 4**	273
episode 26	**입덧**	283
episode 27	**임신과 운동**	294
episode 28	**태동 1**	304
episode 29	**태동 2**	315
episode 30	**임당 검사**	324
episode 31	**임신중독**	335
episode 32	**출산 준비 1**	346
episode 33	**출산 준비 2**	356
episode 34	**레서 탄생 1**	366
episode 35	**레서 탄생 2**	377
episode 36	**레서 탄생 3**	387
닥터 안다 에세이		399

episode 1

닥터 베르

닥터 베르는 공학박사다.

그는 학위 과정 중에 무려 3년의 육아 휴학(?)을 했다.

후배들은 그에게 궁금한 게 많다.

합격이 좀 복불복이라 그렇지.

하는 일은 비슷해.

문제는 연구실 동료 중 한 명이

계속 널 방해할 거야.

마스터 미어의 양육 욕구가 15 감소했다.

베르가 본 아기는 이런 느낌이었다.

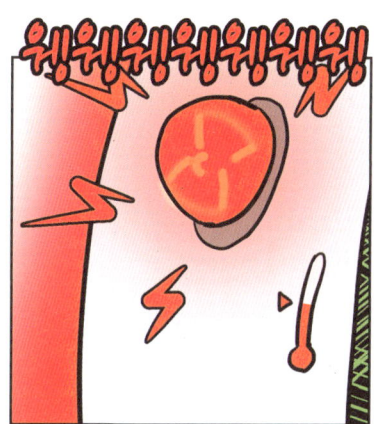

episode 2

닥터 안다

안다는 산부인과 전문의다.

그녀는 자신의 지식 중
많은 부분을 확신하지만

환자들에게 그대로 말할 수
없는 경우가 많다.

그렇게 덥게
계실 필요 없어요.
8월인데…

네? 정말요?
저희 엄마가

떽!!

의사 양반이 어-디 모르는 소리 하고 있소
한바람 쐬면 나중에 관절이 을-미나 시리고
아픈데 금쪽같은 우리 딸 나중에
앓는 소리 하면 책임질 수 있소
젊은 양반이 애는 낳아봤나
내가 애 여섯 낳아 길렀는데
첫째 낳고 시냇물에 손 씻은 자리가
30년이 지난 지금까지 시리오
자고로 애 낳으면 무조건 싸매고
한바람 안 쐬는게 골병 띠하는
지름길이니 떽소리 마소!

> 그렇게 싸맨 분 중에 관절 안 아픈 분 계세요?
>
> 황새가 물어다 줘도 애 키우다 보면 관절은 상할 걸요?

아니 그야 우리 땐 수면 양말 이런 게 어디 있어
궁둥이만 덮으면 옷인 줄 알았지
산후조리 말로나 들었지 어디 해봤나
아침에 애 낳고 저녁에 밭 매러 나갔어
내가 요즘처럼 뜨신 물 나오고 수면양말 있는 시대에
산후조리 했으면 지금도 마라톤을 뛰고 남아
내가 어렸을 때 우리 집에서 학교까지가 이십리
길이었는데 그걸 매일 뛰어서 왔다갔다 한 사람이야
내가. 하여간 챙겨줘도 고마운 줄 모르고
으른말은 귓등으로도 안 듣지 요-즘 젊은 것들은
이게 다 경험에서 나온 삶의 지혜야!

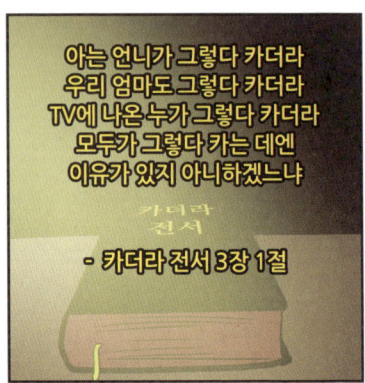

상황이 이렇게 된 데엔 여러 가지 이유가 있겠지만

출산에 관한 정보의 LOE* 확보가 어려운 것도 사실이다.

*Level of Evidence, 증거 수준

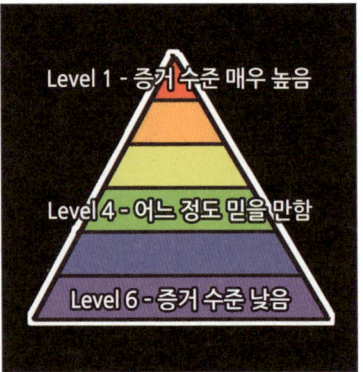

LOE의 대략적인 개념은 다음과 같다.

5단계나 7단계 분류도 있으며 각각에 관한 기준이 마련되어 있다.

레벨 6. 전문가의 발언*

레벨 5. 사례가 1건 이상 보고됨

*별도의 근거 자료가 없는 경우

레벨 4. 존재하는 집단에 대한 통계 및 설문

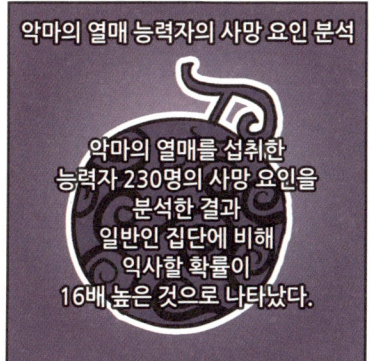

레벨 3. 임의로 모집한 집단에 대한 통제된 실험 결과

놀랍도록 아무도 지원을 하지 않았다.

보통 임산부에 대한 실험도 이 정도 단계에서 벽에 부딪힌다.

*계란이나 우유도 섭취하지 않는 채식 단계

이런 실험이 임상 허가를 받을 확률은 매우 희박합니다.

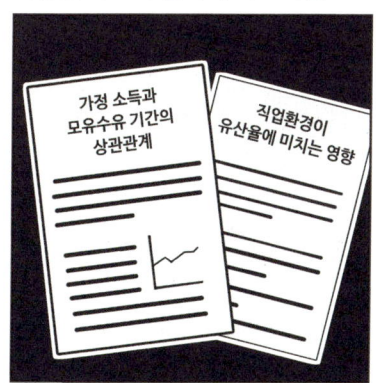

분만* 후 찬물 샤워.

*안다는 제왕절개를 했다.
자세한 이야기는 다음 기회에…

조리원 에어컨 풀가동.

이런 그녀를 걱정하면서도 못마땅해했던 사람.

조리원장 페리

추가로 육아는 베르에게 일임한 결과, 안다는 한 달 만에 100% 컨디션을 회복했고

닥터 안다의 개인적인 경험으로 개인차가 있을 수 있습니다. (LOE 5단계)

베르는……

episode 3

신생아 돌보기

10억짜리 똥 만드는 기계와 생활한 지 한 달.

베르의 체력과 인내심은 한계에 도달했다.

장비는 꽤 자주 냉각 단계에 들어갔지만

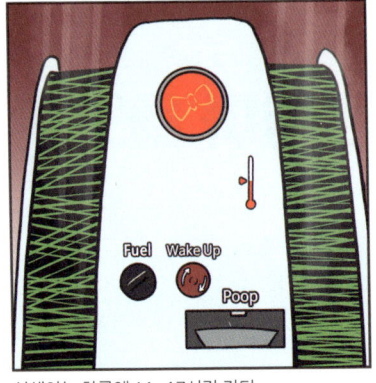

신생아는 하루에 11~17시간 잔다.

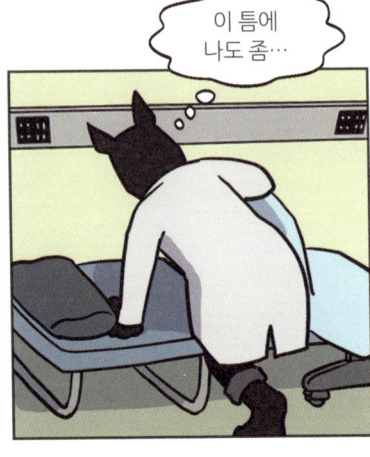

예측 불가능한 패턴이 제일 문제였다.

공학적 문제 해결은 대략 이런 식이다.

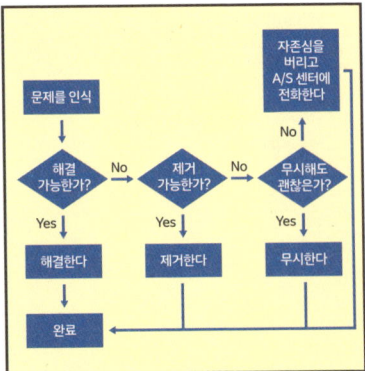

문제 상황: 기본적인 조치를 마쳤으나 비상벨이 계속 울린다.

해결책 1. 비상벨을 교체해본다.

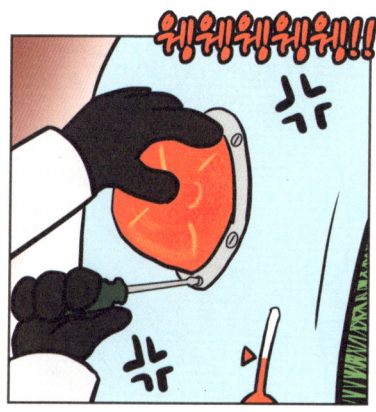

해결책 2. 소리를 줄인다.

해결책 3. 무시한다.

그저 한시라도 빨리 냉각 시간이 오길.

그 시간이 조금이라도 오래 가길.

기도하는 하루하루.

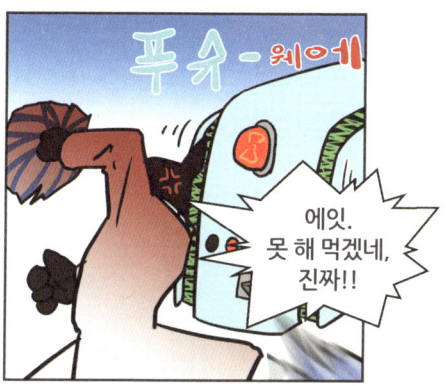

해결책이 필요했다.

일단 정보를 더 모았다.

주변 환경을 일정하게 유지했다.

최대한 많은 정보를 기록했다.

국민템들을 구입하고

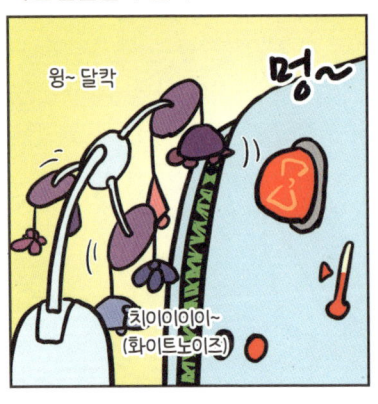

가능한 일정한 패턴을 유지했다.

생활 주기가 4시간 정도로
일정해지면서

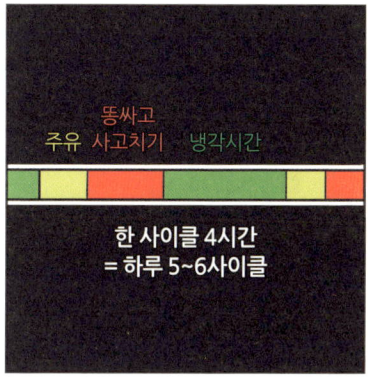

확신할 수 있는 정보가 많아졌다.

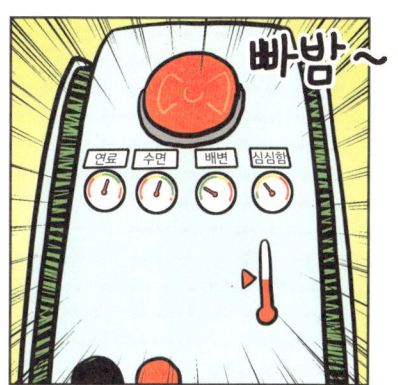

하지만 베르가 계속 4시간 주기로
자다 깰 수는 없었다.

낮과 밤의 차이를 조절하기
시작하면서

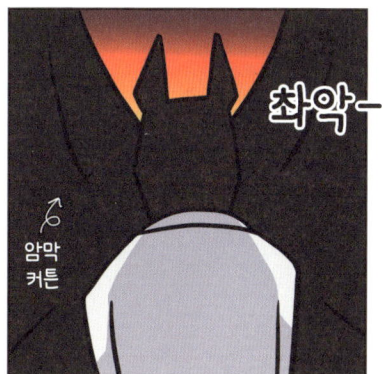

episode 4

역지사지 1

아기를 키우다 보면
답답할 때가 많다.

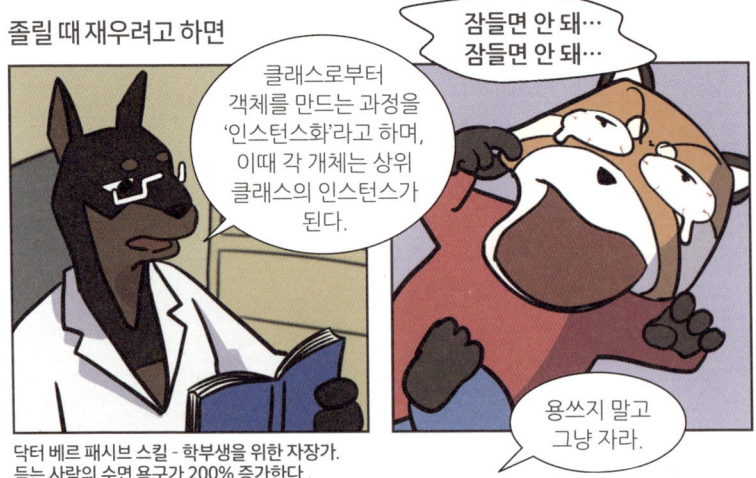

스트레스가 한계에 달한 어느 날.

베르는 레서를 이해해보기로 했다.

레서의 과거는 어땠을까.
자료를 찾아본다.

*자궁 내 소음 정도

주변 온도는 늘 일정한 암흑. 주변은 교실 정도로* 꽤 소란스러웠을 것이다.

필요한 양분은 자동으로 공급되고 배설도 자동으로 이루어진다.

*Kenneth J. Gerhardt, et al. Sound environment of the fetal sheep, American Journal of Obstetrics and Gynecology, Volume 162, Issue 1, 1990, Pages 282-287, 참조.

처음으로 중력을 느낀다.

손발을 느낀다.

처음 보는 불빛, 처음 듣는 소음.

처음 겪는 공복감.

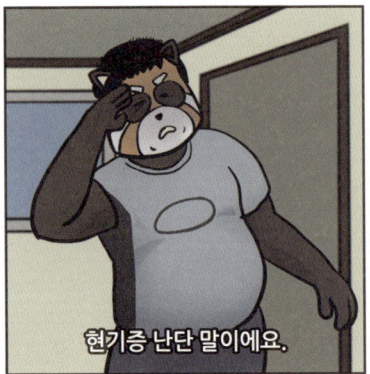

현기증 난단 말이에요.

지금 내 세상이 그만큼 변한다면? 최대한의 상상력을 발휘해본다.

이것이 닥터 베르의 역지사지.

살면서 역지사지보다 어려운 일이 있을까 싶다.

평소와 다름없던 어느 날, 갑자기 UFO에 납치된다.

극심한 고통이 몰려오고 어느 순간 의식을 잃는다.

눈을 뜨면 낯선 손발.

낯선 생명체, 처음 겪는 텔레파시. 분명 무섭고 혼란스러울 것이다.

*나는 네 엄마란다.
**나는 네 아빠란다.

이건 좀 멋질지도.

episode 5

역지사지 2

베르는 레서의 기분을 이해하기 위해 외계로 납치된 상상을 한다.

낯선 모습.

반복을 통해 익숙해지고, 방법을 배운다.

좋아하는 일도 생길 것이다.

소통을 시도해본다.

*방금 뭔가 말했니?

만약 이 과정이 무섭고
고통스럽다면

잘못된 상식만 늘어날지 모른다.

비상벨 소리에 눈을 뜬 베르.

베르는 처음으로

알파똥이 이해되기 시작했다.

그렇다고 뭐 상황이 크게 달라진 건 아니지만

조금 더 힘내자는 생각은 들었다. 내가 이 아이의 세상이니까.

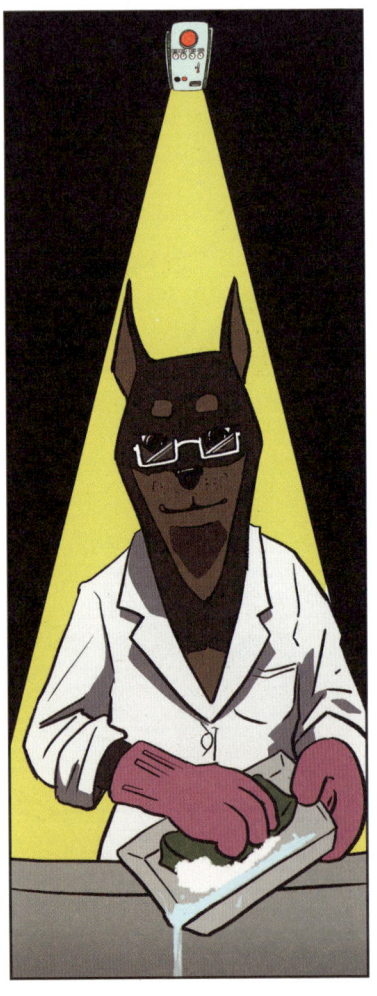

episode 6

엄마 닥터

오늘은 전문의가 되는 법을 알아보자.

전문의가 되는 과정은 아래와 같다.

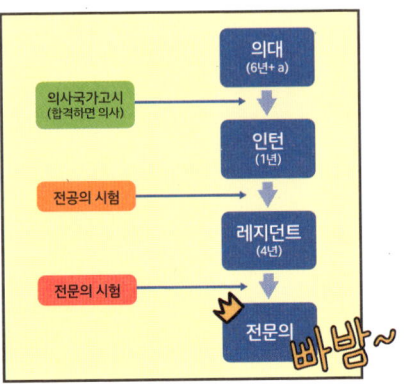

먼저 의대에 가기 위해 수능을 친다.

의대 전체 합격선은 1% 전후, 수도권 의대 합격선은 0.2% 전후다.

진짜 공부는 입학 이후에 시작된다.

의대 공부의 대명사처럼 돌아다니는 짤.
알고 보면 새 발의 피다.

인체 해부 정도는 기본이기 때문에

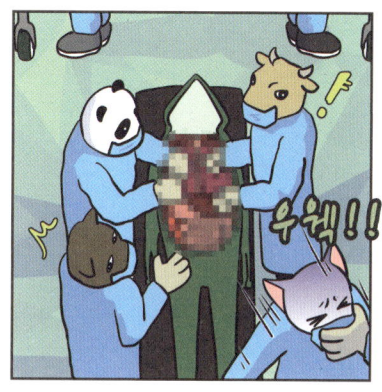

적성에 맞지 않으면 버틸 수 없다.

현장에서는 더 끔찍한 광경도 흔하다.

대표적인 것이 오토바이 사고다.

막지 못하는 죽음은 있다.

죄책감과 무력감이 온몸을 짓누른다.

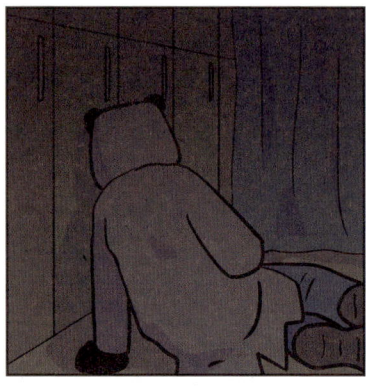

남겨진 사람에 대한 걱정과 미안함이 몰려오지만

그 사이에 다른 생명이 죽어가서

*심정지 상황

거기에 빠져 있을 시간이 없다.

백 단위의 죽음과 천 단위의 고통을 보는 사이

초 단위의 결단과 행동을 반복하고

몇 번인가 기적을 보고

훨씬 더 많은 생명이 손끝에서 사라지는 것을 느끼는 사이

그것들은 모두
일상의 한 부분이 된다.

감정은

잠시 숨겨놓기로 한다.

마음을 숨겨둔 금고에도 다시
몇 겹인가 자물쇠가 채워질 때쯤

한 사람의 전문의는 완성된다.

그랬던 그녀가 다시 공감하고

아파하고

기도하게 된 건  엄마가 되면서.

엄마 닥터 파이팅!

episode 7

아빠 닥터 1

의사 엄마가 좋은 건 알겠는데

박사 아빠는 뭐가 좋은가요?

박사는 각자 하기 나름이다.

박사가 되는 과정은 다음과 같다.

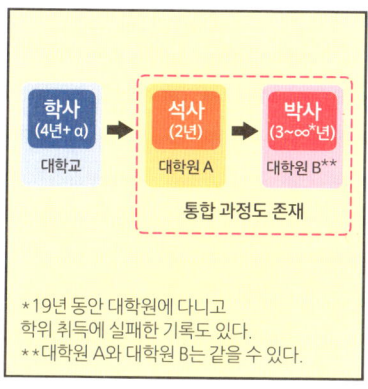

꿈 많은 고등학생은

대학생 때 꿈이 생각보다 멀리 있음을 배우고

석사과정쯤 뭔가 잘못되었음을 깨닫고

박사과정 땐……

졸업이 꿈이 된다.

베르가 대학원에 간 계기는 사소했다.

그가 즐겨듣던 수업의 교수님에겐 작은 바람이 있었고

손재주가 좋았던 베르는 그것을 실현했다.

비슷한 일이 몇 차례 반복되고

정신을 차려보니 대학원에 들어가 있었다.

대학원 생활을 비유하자면 이런 느낌이다.

어떤 학문의 기초를 심도 있게 배운다.

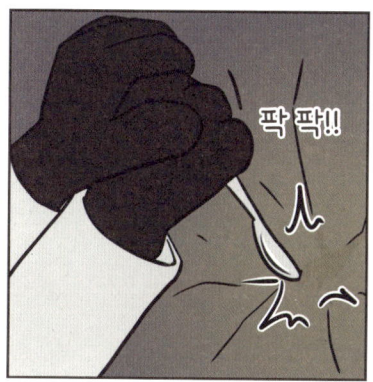

이걸 평균 6년 반 동안 한다.

박사과정이라는 건 실제로는 매우 다양해서

중간 과정의 모습은 완전히 제각각이다.

만화적 과장이 섞여 있습니다.

어느 쪽이든 새로운 문제에 도전하는 일이라

시행착오는 필연적이다.

베르의 행보는 평범했다.

5년 만에 처음 캐낸 원석.

*공신력 있는 과학 저널에 주어지는 등급

원석을 캐면 박사 졸업 요건이 갖춰진다.

*보통 수백 페이지 분량으로 쓰는 데 6개월~1년 정도가 소요된다.

하지만 베르가 박사가 된 건 이때가 아니다.

이공계 연구는 빠르게 진행되기 때문에 이 시점에서 휴학은 학위 포기나 다름없다.

아쉬움이 없었던 것도 아니고 두려움이 없었던 것도 아니지만

 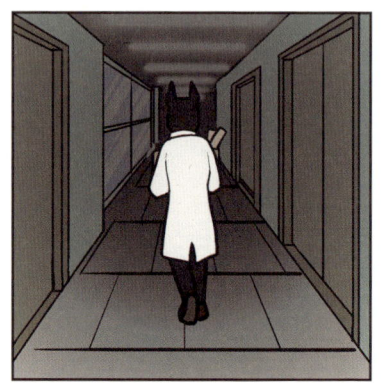

그때는 그럴 수밖에 없었다.

episode 8

아빠 닥터 2

박사학위의 중도 포기는
흔한 일이다.*

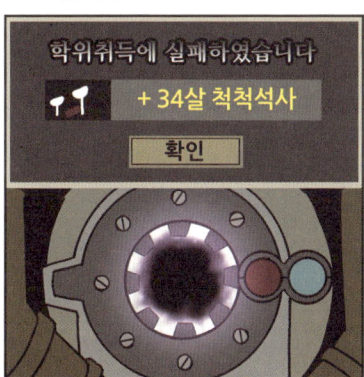

경제적 이유도 있지만 이건
대학원마다 다르고

*대략 1/3 정도

가장 흔한 이유는 임신과 육아가 어려운 환경이다.

학위 과정 중 부모가 된 경우 선택지는 좁다.

1. 주말 부모 되기

2. 취업 전선 뛰어들기

3년 후, 베르는 돌아왔다.

오죽하면 다른 과 교수님들이 구경 왔을 정도.

1년 정도 추가 연구를 진행하고

마침내 박사학위를 받은 베르.

교수님과 기념사진을 찍고

어머니께 학위복도 입혀드리고

졸업식장으로 향했다.

연구실 후배 마스터 래비

방X혁 대표가 왔다.

본의 아니게 사람을 하나 낚았다.

총장님 연설.

그리고 이어진 축가.

~~축자~~ 답가.

집에 돌아온 뒤 안다가 물었다.

베르는 4년 전을 떠올렸다.

작사/작곡: 닥터 베르

편곡: 라텔 (실용음악을 전공한 친한 동생)

노래: 닥터 베르

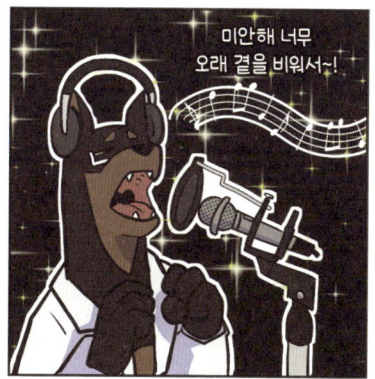

이날 혼신의 힘을 다해 노래를 부른 베르는

음치였다.

결국 다른 사람에게 시켜서 완성은 했다.*

*작가 블로그 참조

여기서 끝날 줄 알았던 그의 기행은…

웹툰으로 이어졌다.

〈닥터앤닥터 육아일기〉의 시작이었다.

episode 9

안녕,
우리 아가 1

베르는 왜 이런 선택을 했을까.

이야기는 조금 더 과거로 돌아간다.

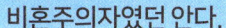

그렇게 두 사람의 연애는 시작되었고

4년 반의 연애 끝에 베르-안다 결혼.

같은 취미를 공유하고

새로운 세상을 만나며

안다가 전문의가 되고 시간적 여유가 생기면서

아이를 가지는 일에 대해 생각하기 시작했다.

이런 걸 보고 근자감*이라고 한다.

*근거 없는 자신감의 준말

이 무렵 베르는 박사과정 2년 차. 대학원에 온 계기는 사소했지만

그의 인생에 후진은 없었다.

그의 최초 선택지는
'주말 아빠'였다.

안다도 베르도 개인주의가 강한
편이라

각자 최선을 다하는 게 서로에게도
최선을 다하는 것이라 믿었고

양육 계획에 이견은 없었다.

마더 웰시(드루이드)

그렇게 각자의 삶에 충실하던
어느 날.

*화재 발생

문득, 불안감이 엄습했다.

정신을 차려보니 이미 둘 다 30대.

안다는 스스로 임신 준비를 시작했고

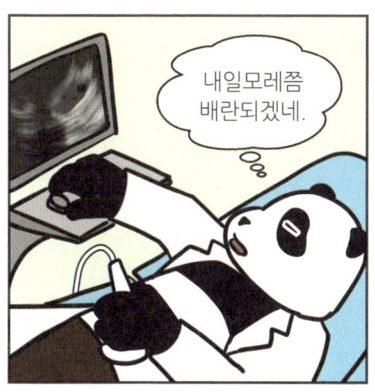

베르는 혹시나 하는 생각에 비뇨기과를 찾았다.

베르는 그곳에서 방주를 보았다.

영상 보유량은 병원 사정에 따라 다를 수 있습니다.

episode 10

안녕, 우리 아가 2

혹시나 하는 마음에 비뇨기과를 찾은 베르.

미지의 바다를 탐험한 끝에

무사히 검사를 받고 나왔다.

난임은 남녀에게 비슷한 확률로 나타난다.

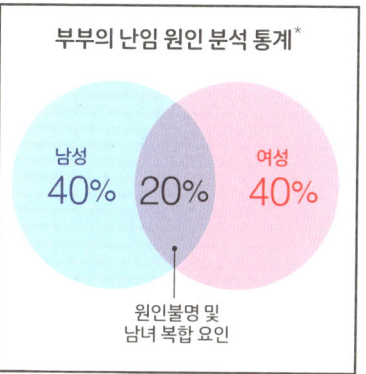

하지만 국내에서 난임 치료를 받는 남성은 여성의 1/3에 불과하다.

난임=고자는 아니니 적극적으로 검사받고 필요하면 치료를 받자.

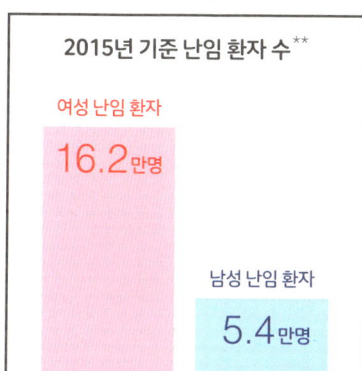

*Naser, S. S. A., & Alhabbash, M. I. (2016), Male infertility expert system diagnoses and treatment. American Journal of
**Innovative Research and Applied Sciences, 2(4), 181-192. 외 다수.
황나미, et al. 2016, 2015년도 난임 부부 지원 사업 평가 및 난임 원인 분석

추가로 국내 통계에는 남성 난임이 적고 원인불명이 매우 높은 것으로 나온다.

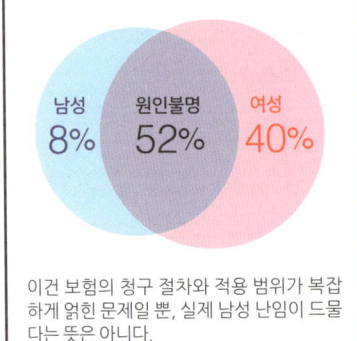

이건 보험의 청구 절차와 적용 범위가 복잡하게 얽힌 문제일 뿐, 실제 남성 난임이 드물다는 뜻은 아니다.

다행히 베르와 안다 모두 검사에서 특별한 문제는 발견되지 않았지만

이런 경우에도 2년 이상 자연임신이 이루어지지 않으면 난임 치료가 필요하다.

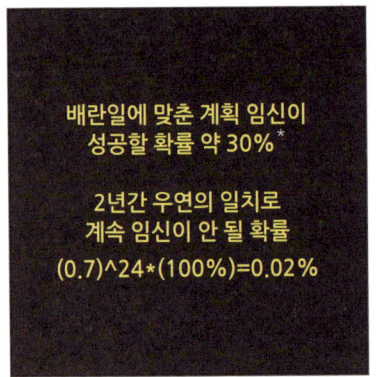

*정확한 확률은 부부 연령대와 건강 상태에 따라 다릅니다.

시간은 확실히 우리를 옭아맸다.

무심코 서로에게 상처를 주곤 했다.

쌓여가는 중압감 속에 끊임없이 접하는 타인의 임신.

간신히 감정의 고비를 넘기고 나면 슬픔과 자괴감이 그 자리를 채웠다.

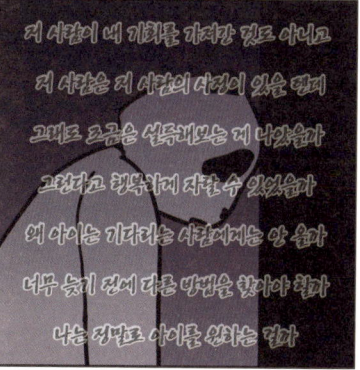

베르는 좋아하는 술도 끊고
노력했지만

열심히만 하면 될 거라는 믿음은

하루가 다르게 약해졌다.

2주간의 미국 출장에서 돌아오는 길.

공항에서 산 인형 속에

새끼 인형이 들어있음을 뒤늦게 깨닫고

캐리어 바닥에 인형을 숨겼었다.

서로에게 상처를 주는 게 무엇보다 겁이 났던

살얼음 위의 하루하루.

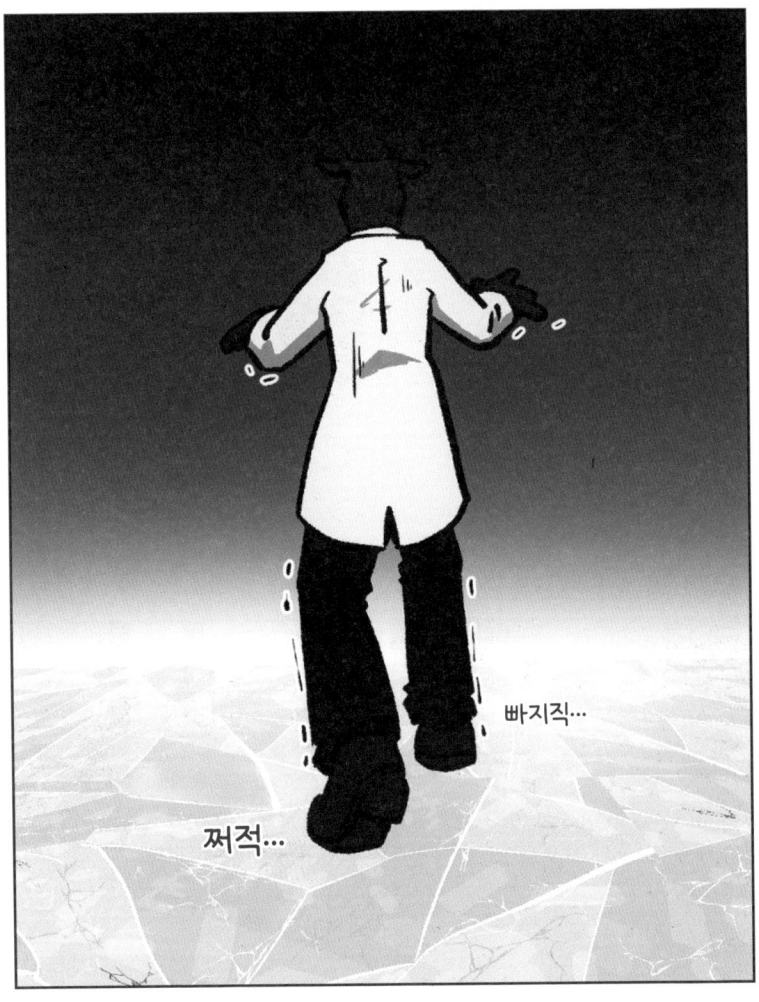

episode 11

안녕,
우리 아가 3

한참 서로를 축하하고

베르는 가족들에게 이 소식을
전하려 했다.

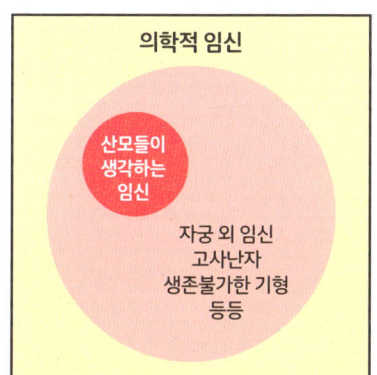

대략 산모 다섯 명 중 한 명이 유산을 경험한다.

정확한 확률은 산모의 연령, 건강 상태, 생활 습관에 따릅니다.

태아 심장이 정상적으로 뛰기 시작하면 일단 큰 고비는 넘겼다고 볼 수 있다.

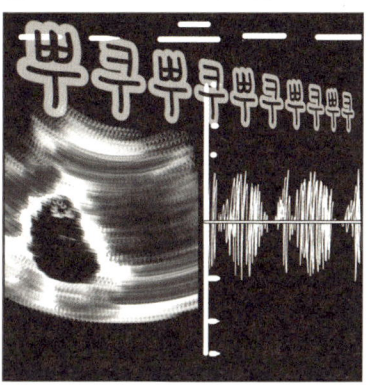

산모 수첩이 나오는 것도 보통 이 시점이다.

산모 수첩 지급 시기는 병원 정책에 따라 다를 수 있습니다.

우리나라 산모들은 초음파를 자주 본다.

병원비가 저렴한 덕분도 있겠지만

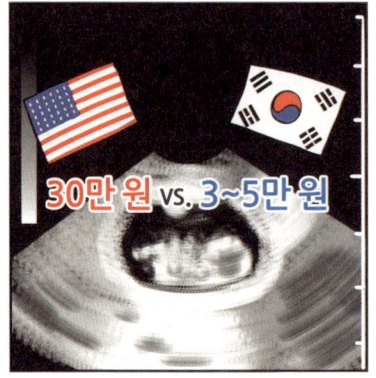

그보다 더 큰 이유는

아이가 살아있음을 확신할 수 있는
몇 안 되는 수단이기 때문이다.

시간이 지날수록 이런 불안은
줄어들고

실제 문제가 발생할 위험도 줄어든다. 하지만

확률이란 언제나 누군가에겐
잔인하다.

잘 감춰됐다고 생각한 마음이 비명을 지른다.
감히 상상 못 할 슬픔 앞에 결국 마음이 흘러나오고,
의사로서의 책임에서 한 발짝 물러서고 만다.

산부인과 의사의 가장 큰 딜레마 중 하나는 이미 문제가 발생한 태아에게 할 수 있는 조치가 지극히 제한적이라는 것이다.

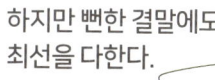

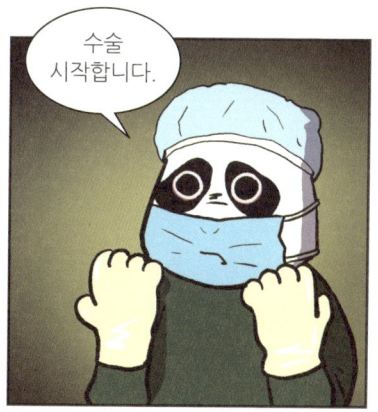

episode 12

안녕,
우리 아가 4

안다가 임신한 지 한 달이 지났다.

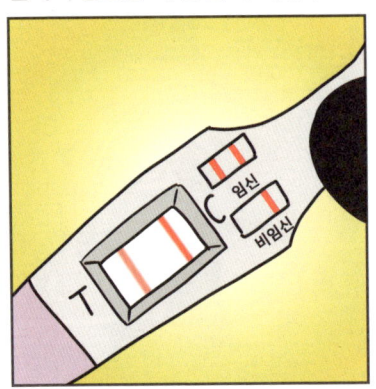

아이는 여전히 점처럼 보인다.

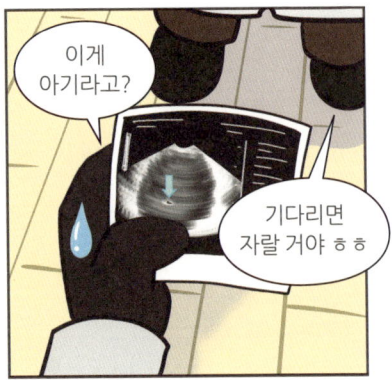

혹시나 했던 걱정은 사라지고

베르의 표정도 밝아졌다.

남아있는 건 현실적인 걱정들.

일단은 눈앞의 일에 집중해본다.

그 무렵, 안다의 병원

다섯 명 중 한 명이 유산을 경험한다.

*수정란이 태아로 성장할 가능성이 없는 경우.
초기 유산의 약 50%를 차지한다.

엄마가 의사라고 해도

예외가 될 순 없다.

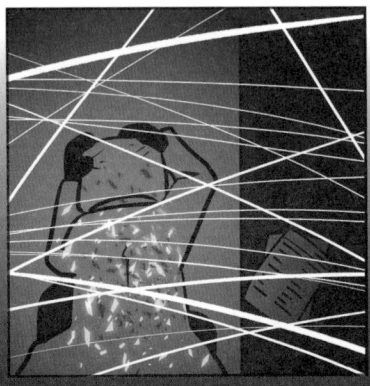

지난 수개월의 노력이

가슴 속에서

무너져 내린다.

이런저런 생각들이 마음속을
지나가고

남은 걱정은 하나.

그날 저녁.

안다는 최대한 객관적으로 상황을
설명했다.

베르는 한동안 상황을 이해 못 했지만 이야기는 금세 결론에 도달했다.

침대에 누워 앞으로의 일을
논의했다.

다음 날.

베르는 처음 울었다.

하지만

교수님 말씀이 옳았다.

처음 3일 정도는 아무것도 하지 못했다.

그저 자다 깨길 반복하며 잡담을 나누다가

하루 한두 번 정도 간단한 식사를 했다.

4일째, 새벽 4시 30분.

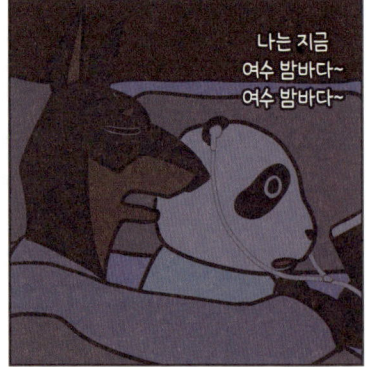

episode 13

안녕,
우리 아가 5

아침 7시쯤 집을 나선 두 사람.

일단 아침을 먹기로 했다.

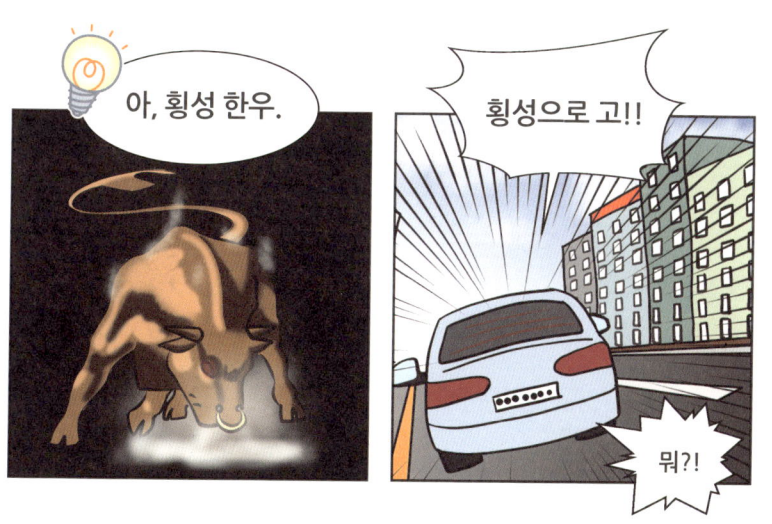

출발 전 베르가 상상한 안동은 이럴 것 같았는데

막상 소주를 파는 곳은 찾기가 어려웠다.

저녁 7시, 전주 한옥 마을 도착.

전주 한정식의 위용은 대단했다.

한 입 떠서 입에 넣는 순간

두 사람은 깨달았다.

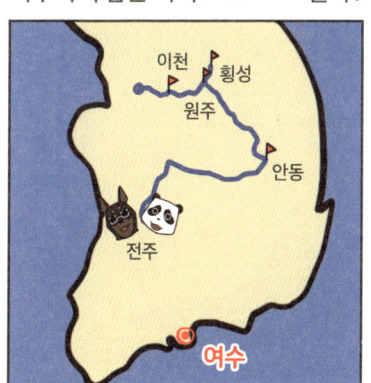

episode 14

안녕,
우리 아가 6

아침에 일어나 전주비빔밥을 먹었다.

콩나물국밥도 무척 맛있다고 한다.

다음 목적지는 임실 치즈 테마파크.

이곳에선 치즈 만들기 체험을 할 수 있다.

고추장으로 유명한 순창.

이곳에서 처음으로 기념품을 샀다.

민주화의 성지 광주.

광주 한정식은 또 다른 매력이 있었다.

봄이라 아직 앙상한 메타세콰이어 길을 지나 마침내 여수 도착.

저녁으로 국수와 갓김치를 먹었다.

이제 정말 목적지가 코앞에 있었지만

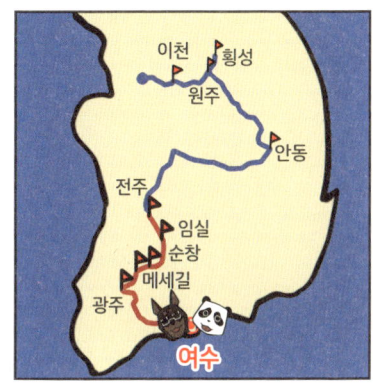

어쩐지 아쉽기만 했다.

안다도 비슷한 생각이었던 것 같다.

그렇게 어두워질 때까지 주위를 서성이다

잔파도 소리가 들리는 어두운 골목을 지나

허름한 부둣가에 도착했다.

인적 하나 없는 외진 곳.

노래에 나온 장소는 아닌 것 같았지만 중요하진 않았다.

이곳에 뭐가 있건

아무것도 없네…

아무것도 없어.

우리는 참을 수 없이 허무하고 아플 거라는 걸

아무것도 없어…!!

알고 있었으니까.

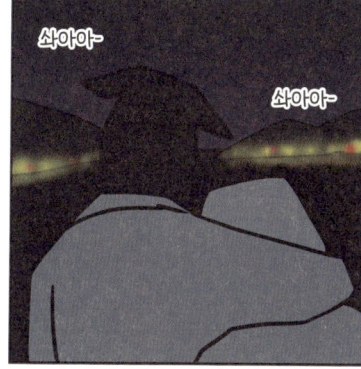

돌아오는 길은 휴게소조차 들르지 않았다.

우리는 이틀 동안 1,200km를 돌아다녔고

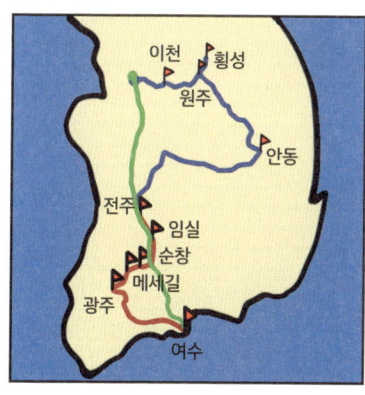

2kg씩 쪘고
백만 원 남짓한 돈을 썼고

첫 희망을 떠나보냈다.

안녕, 우리 아가.

episode 15

안녕, 우리 아가 7

이 이야기를 그리기까지 많은 고민이 있었다.

우리가 오롯이 감당해야 했던   지극히 개인적인 슬픔을

 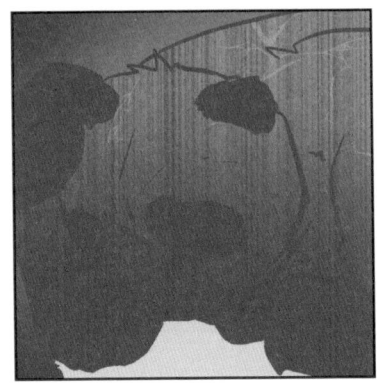

세상에 내놓는 일에 대해서.

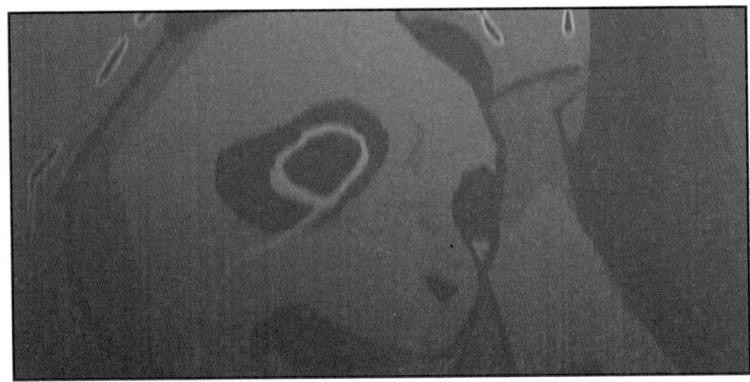

그리고 싶지 않은 이유는 많다.

제3자의 냉정한 시선부터

이 만화를 보게 될 지인들.

무엇보다 마음을 터놓지 않은 사이에서

다 안다는 듯 건넬

무심한 말들이 싫었다.

그리고 더는 뗄 수 없는 꼬리표.

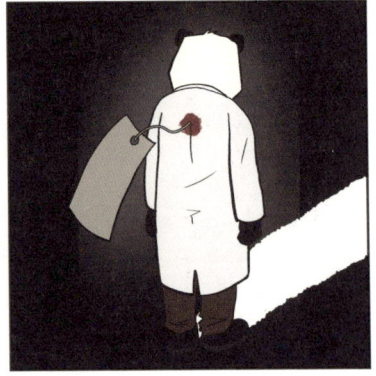

술 마시고 실수한 경험이야 누구나 한 번쯤 있지만

공공연히 알려지는 것은 완전히 다른 문제다.

그런데도 이 이야기를 하게 된 건

당신의 잘못이 아니라는 걸

아무 관련 없습니다.

누군가는 말해줘야 할 것 같아서

아무 관련 없습니다.

그 막연한 죄책감에서 벗어날 수 있도록

아무 관련 없습니다.

누군가는 손을 내밀어줘야 하니까.

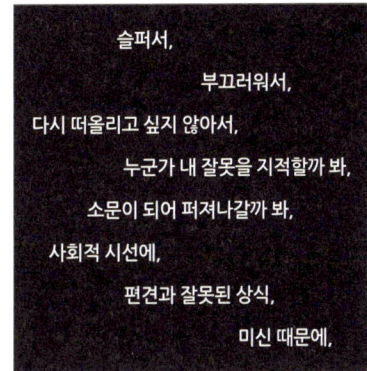

한없이 깊은 절망과 상실감 속에서도

쉽게 포기할 수 없는 꿈.

사람들은 다시 용기를 낸다.

괜찮아,
우리는 할 수 있어.
안심해, 괜찮아.
걱정하는 게 더 안 좋아.
괜찮아, 괜찮아.
괜찮아.
제발, 제발…

아아아악!!

그렇죠!
조금만 더!!

물론, 이런 말로 모든 아픔을
위로할 수 없다는 것도 안다.

깨진 꿈의 크기만큼 아픈 거니까.
우리는 정말 행복한 꿈을 꾸었기에

그래서 그렇게 아팠다는 걸,
지금은 아니까.

episode 16

그래도
삶은 계속된다

여수 여행으로부터 한 달.

상처는 많이 아물었고

좀 더 객관적으로 상황을 보기 시작했다.

여행 기간 내내 도로 위에서 생각했던 일들.

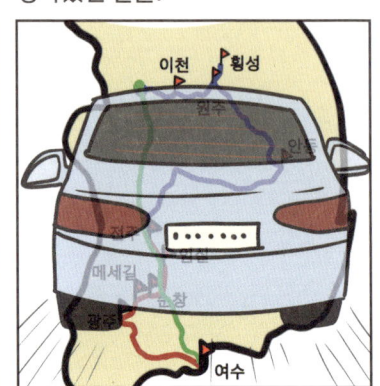

가족이 된다거나

부모가 된다거나

부모가 되지 못하는 일에 대해서… 수없이 많은 순서도를 그려봤지만

미래는 짙은 안개 속 같았고
여차하면 탈출구를 알 수 없는 무한루프에 빠졌다.

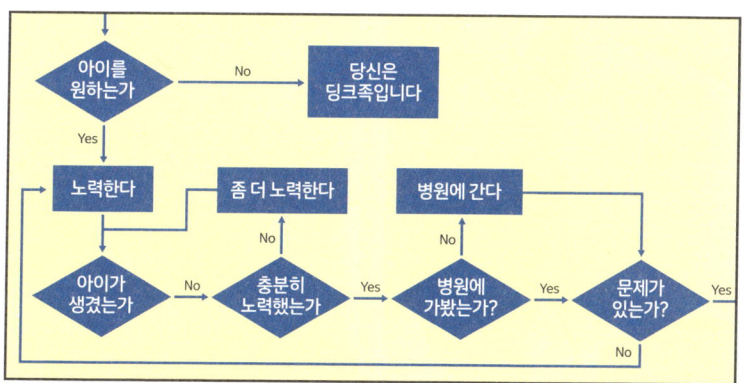

난임 부부 앞에 기다리고 있는 코스들.

진지하게 시도한다면 몇 단계는 훌쩍 건너뛰어야 할지 모른다.

30대 인공수정 성공률은 15~17% 정도.

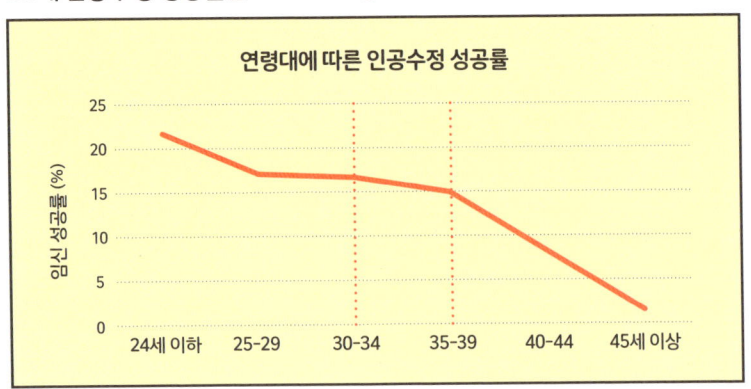

*황나미, et al. "2015년도 난임부부 지원 사업 평가 및 난임 원인 분석."(2016)에서 통계자료 참조.

몸도 마음도 지갑도 초토화되는 돌격 작전.

그리고 착실히 다가오는 확률의 절벽. 베르는 최악의 경우를 생각해보았다.

이미 10년 가까운 시간을 함께 보낸 우리.

지금까지 그래왔던 것처럼 앞으로의 일을 논의하며

함께 늙어갈 것이다.

삶은 아마 좀 더 평화롭고

풍요로우면서

여전히 흥미진진한 일들로 가득할 것이다.

최소한 심심하지는 않을 것이다.

거기까지 생각이 미쳤을 때

그 뒤로 각자 좋아하는 일을 하거나 여행을 다니며 시간을 보냈다.

그래도 결국 오픈카는 빌렸다.

여러 차례 죽을 고비를 넘긴 즐거운 여행이었다.

그리고 다가온 안다의 생일.

베르는 뭔가 특별한 일을 해주고 싶었다.

episode 17

생일 축하해

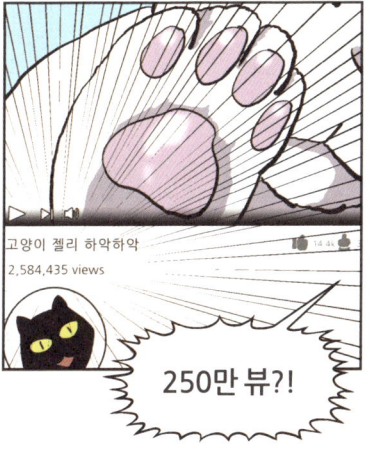

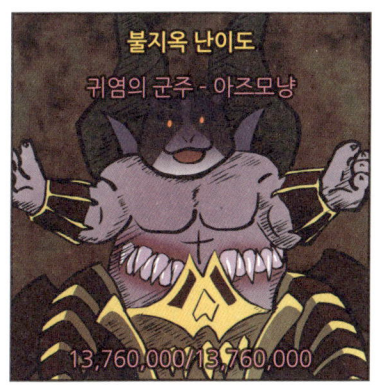

안다가 고려한 조건은 다음과 같았다.

*담수성 수초의 일종

베르가 반려동물을 키우면서 배운 건

어느 생명이든 처음부터 끝까지를 생각해야 한다는 것이다.

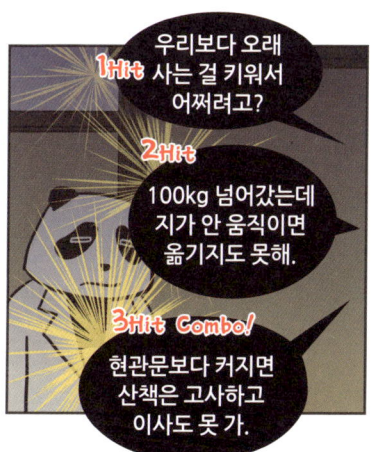

마트에서 두 번째 후보를 발견한 안다.

이구아나.

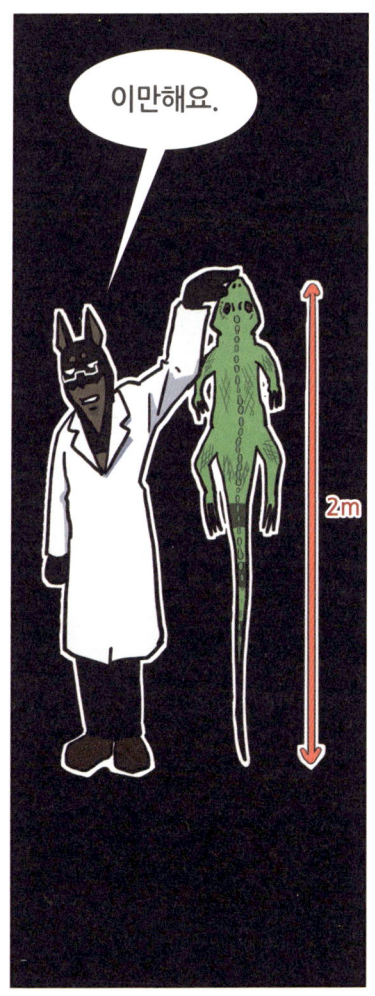

이 같은 이유로 현재는 사라졌다.

이후 몇 가지 후보가 더 지나고

안 된다는 말만 안 하는
팩트 폭행의 달인

안다는 절망했다.

논의는 다시 원점으로.

episode 18
임신과 반려동물

닥터 베르 패시브 스킬 - 인간 캣닢
고양이가 모여든다.

그래도 가끔은 이런 날도 있었다.

마더 웰시에게 문자를 보낸 안다.

돌아온 답장에 충격을 받았다.

이런 소문의 원흉은 톡소포자충*이다.

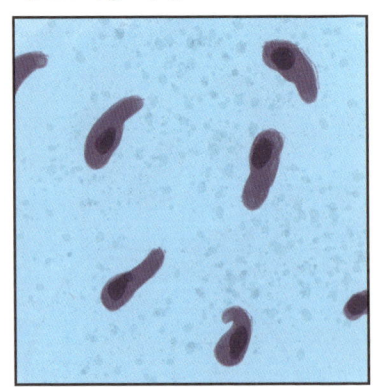

*톡소플라스마 곤디(Toxoplasma gondii)

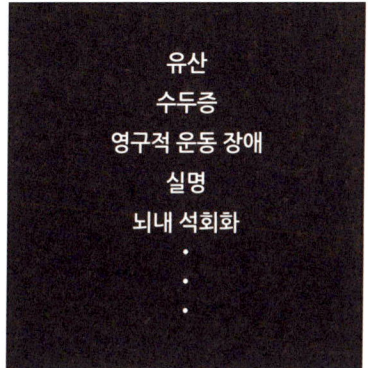

*지역과 검사법에 따라 다르지만, 인구 중 5~15% 정도가 겪는 일이다.

**Wei, Hai-Xia, et al. "relationship between cat contact and infection by Toxoplasma gondii in humans: a meta-analysis." Comparative parasitology 83.1 (2016): 11-20. 외 다수.
***Lee, Sang-Eun, et al. "Prevalence of Toxoplasma gondii infection in stray and household cats in regions of Seoul, Korea." The Korean journal of parasitology 48.3 (2003): 413-418. 외.

산모에게 전파되려면 아래의 모든 조건을 만족해야 한다.

*이후엔 알을 배설하지 않는다.
**유충 부화에 필요한 시간

실제 주 감염원은 이런 것들이다.

야생동물의 생식은 임신 여부와 관계없이 치명적이다.

톡소포자충이 살아있었다.

야생 멧돼지의 간과 비장을 생식한 5명 중 3명에서
맥락망막염 발생, 실명 직전까지 진행된 사건.*

자연의 삶 찾다가 자연으로
돌아가는 수가 있으니 조심하자.

*Choi, Won-Young, et al. "Foodborne outbreaks of human toxoplasmosis." Journal of Infectious Diseases 175.5 (1997): 1280-1282.

확실히 손은 많이 가지만

반려동물을 키우는 장점도 있다.*

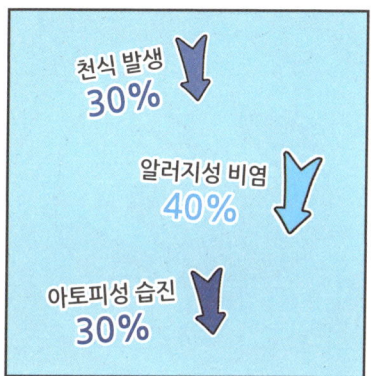

일부 반대되는 논문도 있지만,
100만 명 이상을 대상으로 한 연구**에서도 같은 경향성이 나타났다.

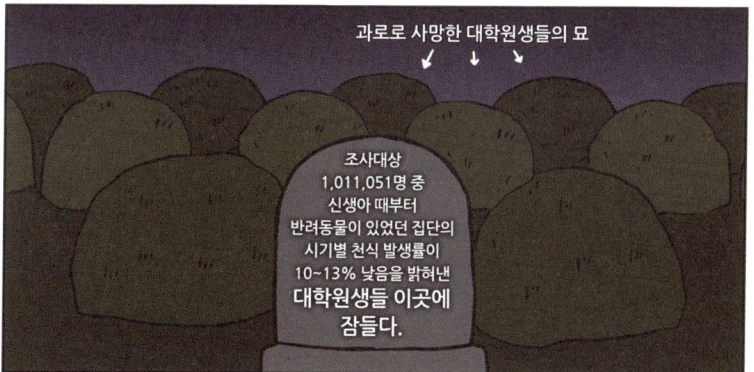

*Nafstad, P., et al. "Exposure to pets and atopy-related diseases in the first 4 years of life." Allergy 56.4 (2001): 307-312.
**Fall, Tove, et al. "Early exposure to dogs and farm animals and the risk of childhood asthma." JAMA pediatrics 169.11 (2015): e153219-e153219.*Fall, Tove, et al. "Early exposure to dogs and farm animals and the risk of childhood asthma." JAMA pediatrics 169.11 (2015): e153219-e153219.

*박지영 et al. 선천형 톡소플라즈마증 환아의 증례보고. 대한소아치과학회지 34(3) 2007, 526-531.
**당시 키우던 고양이의 보균 여부는 확진되지 않았다.

episode 19

선택의 문제

베르가 고양이를 키우기 시작하면서 유독 이런 질문이 늘었다.

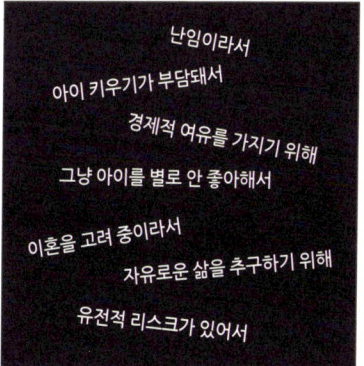

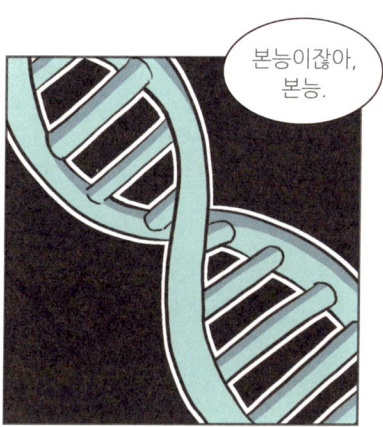

우리는 본능대로만 살지 않는다. 미래를 위해 졸음과 싸우고

신념을 위해 식욕과 싸우고

타인을 위해 죽음의 공포에 맞서 싸운다.

자식이 재산이던 시대도 있었지만

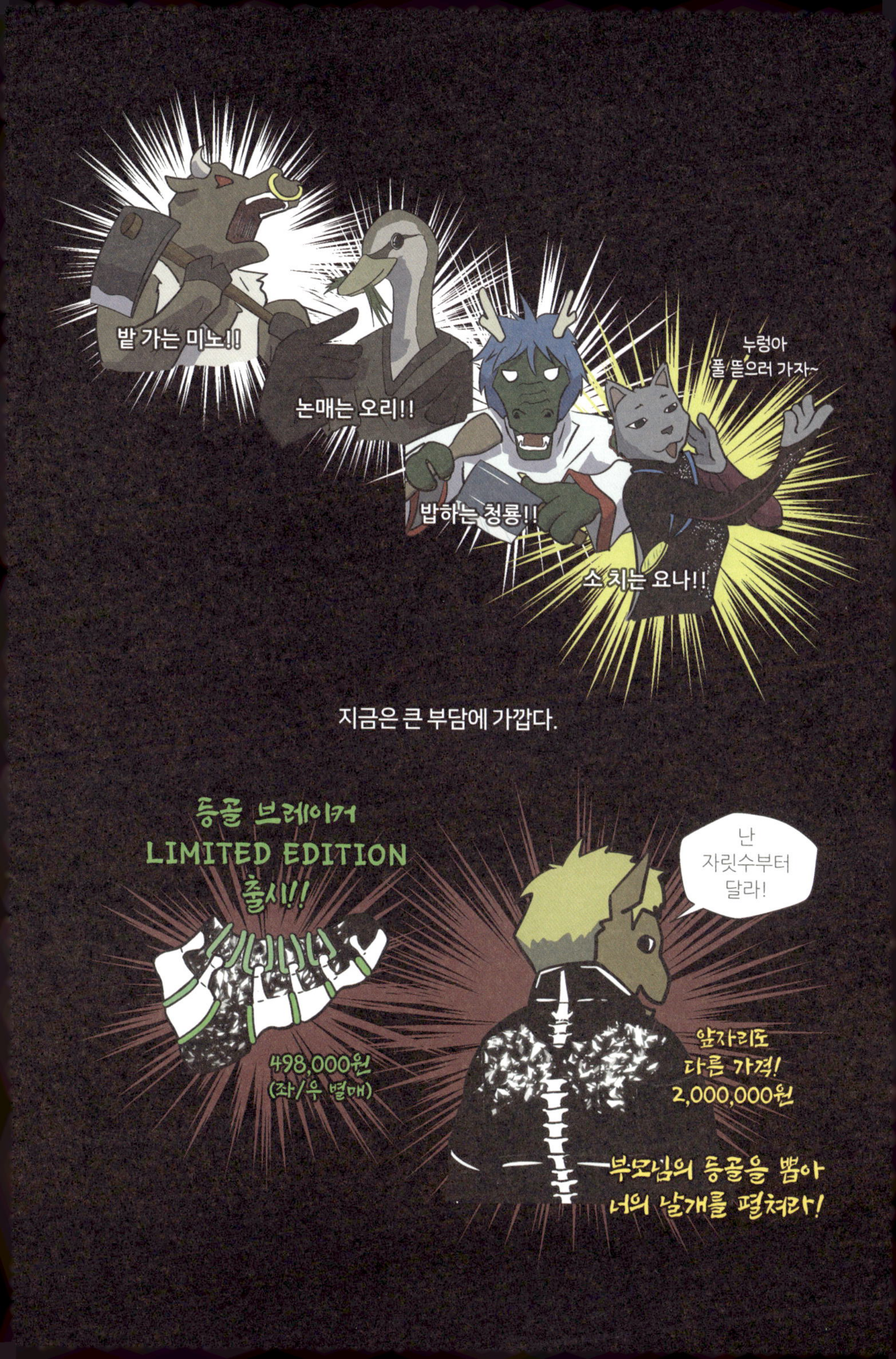

사람이 귀하지 않은 시대.

출산과 육아를 제일 두렵게 만드는 건

이런 걱정이 아닐까?

사람들이 행복했으면 좋겠다.

우리 애도 나처럼 살면 어떡하지?

그게 먼저라고 생각한다.

셋이 되면 이보다 더 행복할까?

episode 20

오 마이 드림카

평화로운 몇 달이 흘렀다.

이렇게 우리 가족은 굳어지는 듯했다.

라고 말하기엔 너무 매력적인 제안이었다.

모르쉐 매장에 갔다.

시승에 필요한 서류를 쓰고

기대 반 걱정 반으로 시승을 나갔다.

다른 걱정도 사라졌다.

일단 집으로 돌아왔다.

문제야 수도 없이 많았지만

임팩트가 너무 강렬했다.

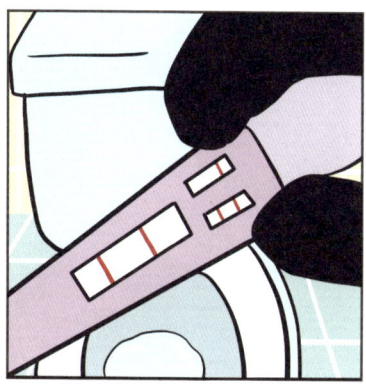

깨진 꿈의 크기만큼 아픈 거니까,

베르는 정말 행복한 꿈을 꾸었기에

한동안 아팠다.

episode 21

두 번째 기회

안다가 다시 아이를 가졌다.

예전 같은 축하 파티는 없었다.

그저 담담하게 결과를 기다릴 뿐.

습관성 유산*의 확률은 높지 않다.

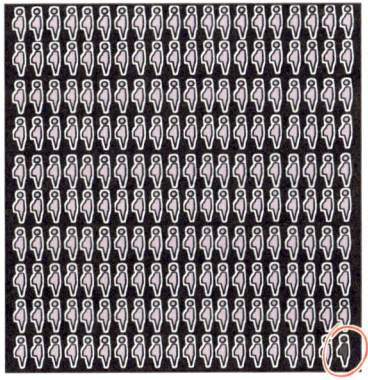

*자연유산이 3회 이상 반복되는 경우. 대략 200명에 한 명꼴로 발생한다.

하지만 그 중간과정은 이런 느낌이었다.

*구체적인 확률은 산모의 나이, 건강 상태 및 유산력에 따라 달라집니다.

그 무렵 베르는 다시 순서도를 그리고 있었다.

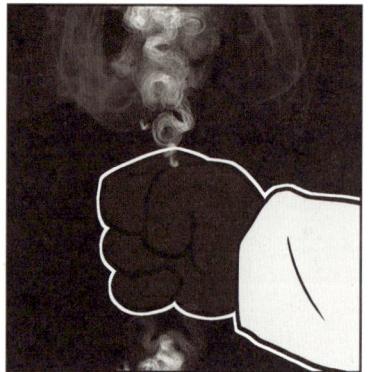

베르에게 아이의 의미를 다시 생각하게 했다.

비록 드림카가 날아간 상황이었지만

새로운 기회가 찾아왔다는 게 기뻤다.

아이들이 더 자주 눈에 들어오고

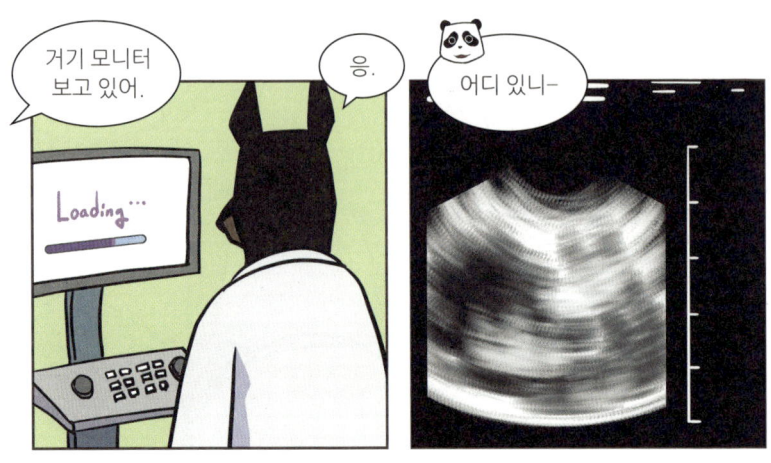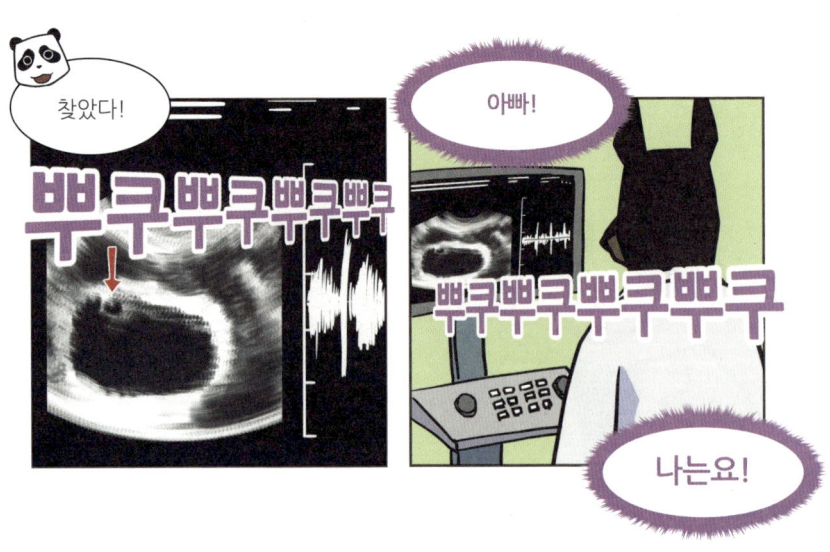

아빠!

나는요!

살아있어요!!

이날, 베르의 마음속 저울이 기울었다.

episode 22

태교 1

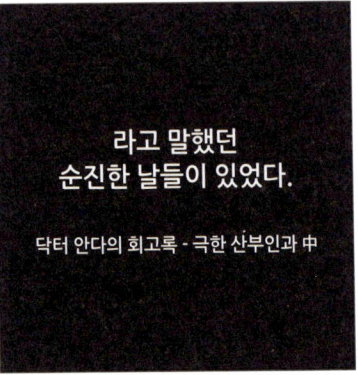

아기에게는 이런 상황입니다.

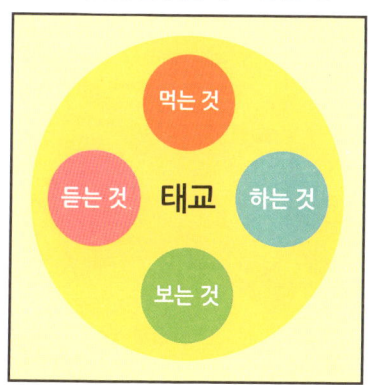

태교엔 참 많은 것들이 포함된다.

이 정도의 간단한 말도

이상하게 전달될 때가 많기 때문에 가능한 구체적으로 설명하려 노력한다.

*Hanson, J. W., Streissguth, A. P., & Smith, D. W. (1978). The dffects of moderate alcohol consumption during pregnancy on fetal growth and morphogenesis. The Journal of pediatrics, 92(3), 457-460. 외 다수.

행복하세요.

쯤.

+ 추가

episode 23

태교 2

임신 중 주의해야 하는 일은 어떤 게 있을까?

가장 많이 듣는 질문은 음식에 관한 것이다.

확실히 일부 식품에는 임산부에게 유해한 성분이 포함되어 있지만

그냥 먹어서 영향을 줄 수 있는 양은 아니다.

식품 중에* 먹어서 기준치를 넘길 수 있는 건 대형 어류에 농축된 수은이 있다.

*술, 담배, 커피, 탄산음료 등 기호식품 제외

다양한 경로로 섭취할 수 있지만, 권고기준*이 낮으니 주의하도록 하자.

*FDA 권고기준 일주일에 120g(참치살)
식약처 권고기준 일주일에 400g(참치캔)

칼로리라도 조절하자.

구토가 심해 식사 자체가 어려울 수 있다.

수분과 전해질이라도 꾸준히 보충하자.

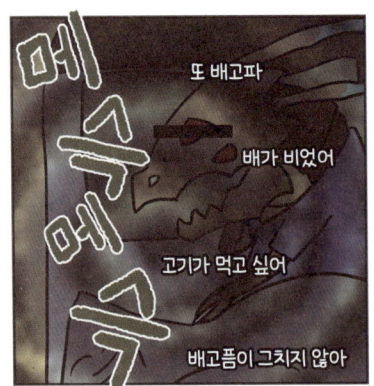

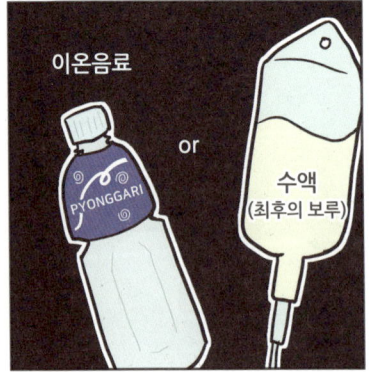

입덧이 정말 심각해도 아이는 건강할 확률이 높다.

이런 경우도 드물지 않게 있다.

물론 입덧도 없고 애도 건강한 게 제일이다.

상식적인 선에서 먹고 싶은 걸 먹자.

전문가가 손질한 신선한 회는 괜찮지만

임신 중 날음식은 권장하지 않는다.

일단 배탈이 날 확률이 높고 (여름엔 특히)

카페인은 커피 외에도 다양한 음식에 포함되어있으니 주의하자.

episode 24
태교 3

임신 중 기준치 이상의 유해 성분에 노출되는 주원인은 약품이다.

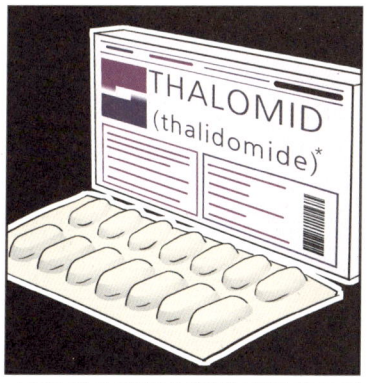

*1960년대 전 세계를 충격에 빠트렸던 탈리도마이드 사건. 1만 명이 넘는 아이들이 치명적인 기형을 가지고 태어났다.

생각보다 많은 약물이 태아에게 해로운 영향을 미친다.

각종 가정용 상비약도 여기 속한다.   임산부에게 약물은 5단계로 나뉜다.

각종 소염진통제*

스테로이드 연고

아스피린 등

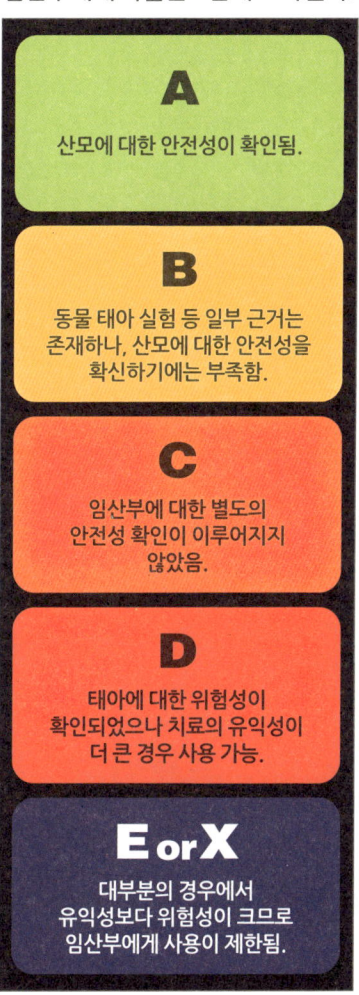

A
산모에 대한 안전성이 확인됨.

B
동물 태아 실험 등 일부 근거는 존재하나, 산모에 대한 안전성을 확신하기에는 부족함.

C
임산부에 대한 별도의 안전성 확인이 이루어지지 않았음.

D
태아에 대한 위험성이 확인되었으나 치료의 유익성이 더 큰 경우 사용 가능.

E or X
대부분의 경우에서 유익성보다 위험성이 크므로 임산부에게 사용이 제한됨.

*해열진통제 종류는 괜찮습니다.

연구 결과에 따라 약품 등급이 바뀌기도 하고 현행 분류 체계를 개편해야 한다는 의견도 많습니다. 주치의의 처방을 존중해주세요.

각종 진료 전에 임신 사실을 미리 말해주세요.

복용법과 주의사항을 지켜주세요.

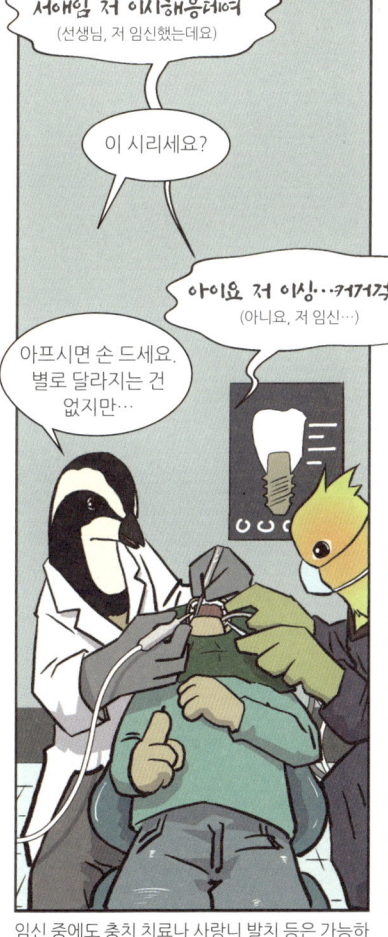

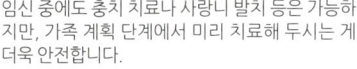
임신 중에도 충치 치료나 사랑니 발치 등은 가능하지만, 가족 계획 단계에서 미리 치료해 두시는 게 더욱 안전합니다.

케이스 1.

케이스 2.

약물 외의 노출 경로로 각종 농축액이 있다.

다양한 허브가 자궁을 자극 또는 수축시키는 성분을 포함하고 있다.

- Alfalfa
- Aloe vera
- Angelica
- Asafoetida
- Ashwagandha
- Barberry
- Basil
- Bearberry
- Bitter lemon
- Black cohosh
- Blood root
- Blue cohosh
- Boneset
- Borage
- Broom
- Buckthorn
- Bugleweed
- Burdock
- Butterbur
- Buttercup
- Calamus
- Calendula
- Camphor
- Cascara sagrada
- Cassia cinnamon
- Castor bean
- Catnip
- Celandine
- Celery
- Chamomile (Roman)
- Chaste tree
- Chicory
- Cinchona
- Cinnamon
- Cola
- Coltsfoot
- Comfrey
- Echinacea (Corn flower)
- Ephedra (Ma Huang)
- Fennel
- Feverfew
- Flax
- Frangula
- Garlic
- Ginger
- Goldenseal
- Gotu kola
- Guarana
- Hemp agrimony
- Hibiscus
- Horehound
- Horseradish
- Hyssop
- Ipecac
- Joe - pye weed
- Juniper
- Kava
- Khella
- Knot grass
- Lavender
- Leptandra
- Licorice
- Life root
- Lobelia
- Lovage
- Madagascar periwinkle
- Madder
- Male fern
- Marjoram
- Marsh tea
- Masterwood
- Mate
- Mistletoe
- Motherwort
- Mugwort
- Myrrh
- Nutmeg
- Papain
- Pareira
- Parsley
- Passionflower
- Peach pit
- Pennyroyal
- Peony
- Peppermint
- Pine
- Pleurisy root
- Pomegranate
- Prickly ash
- Pulsatilla
- Queen Anne's lace
- Raspberry
- Rhubarb
- Rosemary
- Rue
- Safflower
- Saffron
- Sage
- Sandalwood
- Sassafras
- Savin
- Scotch broom
- Scullcap
- Senega
- Senna
- Shepherd's purse
- St John's wort
- Stinging nettle
- Tansy
- Thyme
- Turmeric
- Valerian
- Watercress
- Wild cherry
- Wild ginger
- Wild marjoram
- Wood sorrel
- Worm seed
- Wormwood
- Yellow cedar

Ernst, E. (2002). Herbal medicinal products during pregnancy: are they safe?. BJOG: An International Journal of Obstetrics & Gynaecology, 109(3), 227-235.

허브차나 디퓨저 수준은 상관없지만

농축액의 직접적인 피부 사용, 복용, 가열 또는 기구를 통한 흡입은 기준치를 넘길 수 있다.

임신 중의 몸은 평소보다 과민반응을 쉽게 일으킨다.

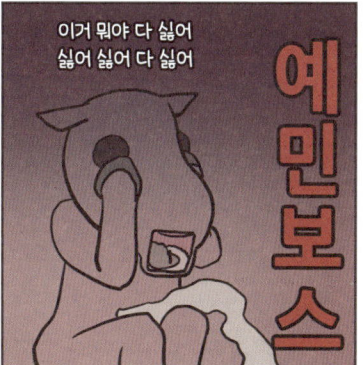

박피 수준의 피부과 치료는 임신 중엔 위험하다.

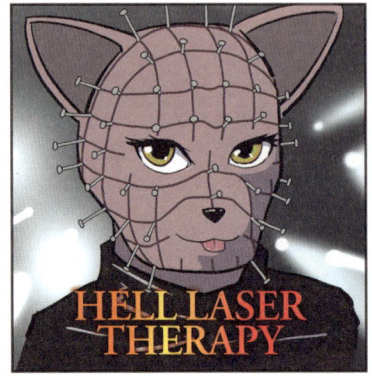

속도위반 결혼 어그(1화 참조)

임신 중에 별도로 섭취를 권하는 성분은 **철분**과 **엽산** 정도다.

산모가 잘 통제된* 채식을 하는 경우

*채식 중 결핍이 쉬운 영양소에 대한 충분한 대비와 이해가 동반된 경우

태아에게 직접적인 악영향은 없는 것으로 알려져 있다.

남아의 요도하열 빈도 증가* 등 부정적인 영향을 보고한 논문도 드물지만 존재합니다.

*North, K., Golding, J., & ALSPAC Study Team. (2000). A maternal vegetarian diet in pregnancy is associated with hypospadias. BJU international, 85(1), 107-113.

임신에서 모유 수유로 이어지는 칼슘 손실은 상당한 양이다.

충분한 보충이 이루어지지 못하면 골다공증이나 골절로 이어질 수 있다.

칼슘은 우유와 녹황색 채소 등에 많이 들어있습니다.

골밀도 등은 수유 이후 대부분 회복되지만 생활 습관 및 영양 섭취에 따른 개인차가 있을 수 있습니다.

episode 25

태교 4

태교의 기준을 칼로 베듯 정하고
싶지만

로맨스 영화 같은 건 괜찮지만
문제는…

직업적으로 큰 소음에 노출되는 건
위험하지만

영화관 소음 정도는 안전합니다.

하지만 임신 중엔 화장실을 자주 가게 되고

한 자세로 오래 있기도 어렵습니다.

붐비는 인파도 위험요인에 속합니다.

공포, 스릴러 영화는 산모의 심박수와 스트레스 호르몬 수치를 높이고

이런 영향은 태아에게도 전해집니다.

재미있게 보실 수 있으면 상관없습니다.

대부분의 공연장과 영화관은 안전 소음 기준을 준수합니다.

*고음의 경우 최대 105dB(데시벨), 저음 최대 115dB 평균 소음 85dB 등의 내용을 담고 있는 사운드 조정 기준

하지만 그렇지 않은 공연도 존재합니다.

*영화관 최대 소음의 약 200배

이런 소음은 산모 본인에게도 해롭습니다.

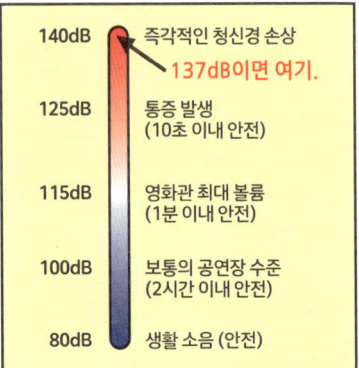

층간 소음을 예로 들어보면

청력에 손상을 주지는 않지만

(인성에 영향을) 미칠 수 있습니다.

태동 등을 참고해서 결정하도록 하자.

헤드폰도 좋은 대안일 수 있다.

Q2. 태교 여행은 어떤가요?

의료 환경은 국가마다 다양할 수 있습니다.

비상 상황이 발생하면 상상을 초월하는 의료 비용이 나올 수 있고

제대로 된 조치를 받지 못할 수도 있습니다.

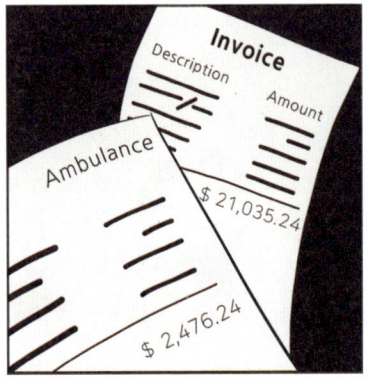

여행 계획 전 검진은 필수입니다.

episode 26

입덧

안다에게 먹을 것은 중요한 문제다.

베르에게 먹을 것이란 '사람용 연료'에 가깝다.

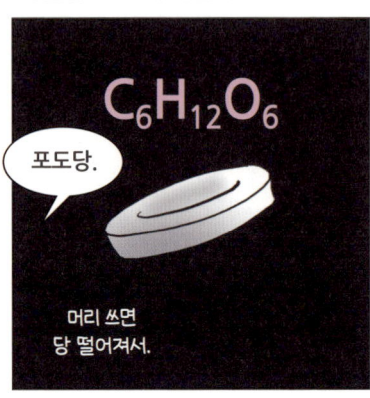

연애 초기엔 먹을 것 문제로 다투기도 했다.

지식과 체험이 일치되는 깨달음의 순간

안다는 호르몬의 노예가 됐다.

임신 중 목욕물의 온도는 38도 미만을 권장합니다.

처음엔 시큰둥한 반응이었는데

호르몬 작용에 딜레이가 좀 있는 거였다.

남편 입장에서 바라보는 입덧은 다음과 같은 함수로 요약할 수 있다.

$$I = F * D + 0.02 J^2$$

입덧강도　빈도*　난이도**　　짜증***

*평균 N회/일주일
**조달시간(h)*조달비용(만 원)
***불평 시간(분/일)
(무차원화 상수는 생략)

난이도는 낮지만 빈도는 높은 타입.

대부분 마트에서 구할 수 있지만 다녀올 때까지 변하지 않는다는 보장은 없다.

빈도는 낮지만 난도는 높은 타입.

둘 다 낮지만, 짜증이 심한 타입.

이 시기에 잘못한 뒤끝은

평생을 가지만

고마움도

평생을 간다.

멜론 빙수 다음으로 '신 것'의 시즌이 왔다.

episode 27
임신과 운동

*해X포터에서 물건을 소환하는 주문

현대에도 이런 노동 환경은
유산 및 조산의 위험을 높인다.

일상적인 고중량
(5~10kg 이상)
운반

농약 및
각종 유기용매
노출

1일 8시간 이상의
육체노동
주/야간 교대 근무

4시간 이상
기립 자세 또는
장시간 쪼그려 앉는
자세의 유지

방사선 노출,
잠수 작업 등
고위험 작업환경

Lawwon, Christina C., et al. "Occupational exposures among nurses and risk of spontaneous abortion."
American journal of obstetrics and gynecology 206. 4 (2012): 327-e1. 외 다수.

하지만 하루의 대부분을 앉아서 보내는 현대인들에겐

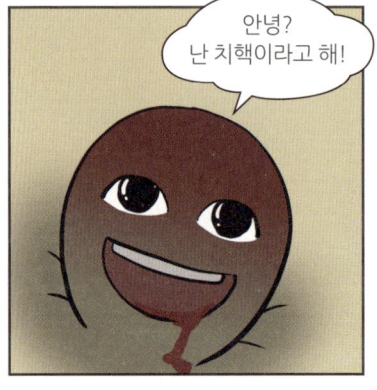

비만, 고혈압, 임신성 당뇨가 새로운 위험요인이 되었다.

중간 강도의 근력 운동.
(주 3회 30분 이상)

*과유불급: 지나침은 부족함과 마찬가지다.

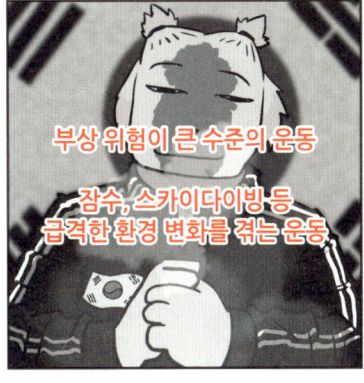

*Nascimento, Simony L. et al. "Physical exercise during pregnancy: a systematic review." Current Opinion in Obstetrics and Gynecology 24.6 (2012): 387-394. 외.

앞으로 산모들에게 운동을 권할 수 있을까?

그건 기만이 아닐까?

그렇게 안다는 마음을 굳혔다.

하지만

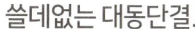

episode 28

태동 1

임신 16주가 되었다.

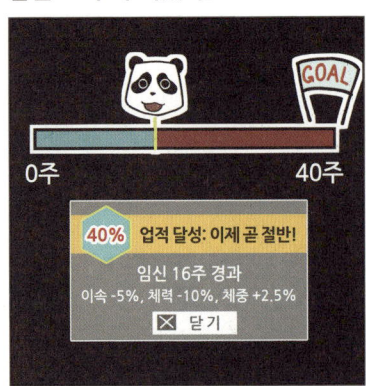

입덧은 사라지고

입덧이 사라지는 시기는 개인차가 있습니다.
(막달까지 하는 사람도 있습니다.)

식욕만이 남았다.

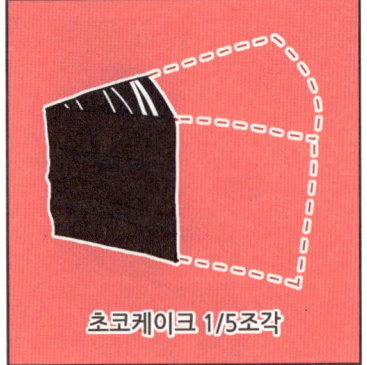

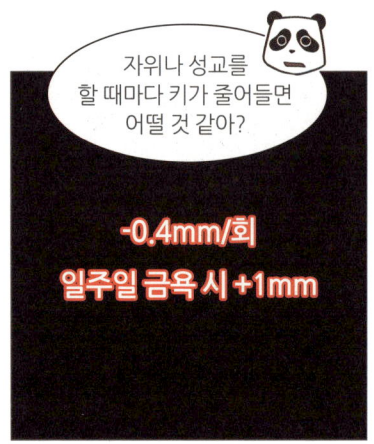

태동이 느껴지기 시작했다.

이 무렵 태아는 활발히 움직이기 시작한다.

자세와 위치를 바꾸기도 하고

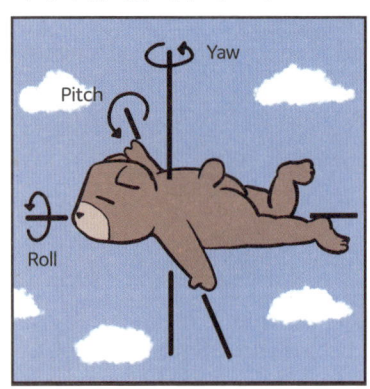

스트레칭을 하기도 한다.

초음파 기술의 발달로 이런 이미지도 찍을 수 있게 됐지만

아기가 등을 돌리고 있어 찍을 수 없는 경우도 많다.

얼굴… 얼굴을 보자…!

X추 말고…

이 무렵 아이가 무슨 생각을 하는지 알 방법은 없다.

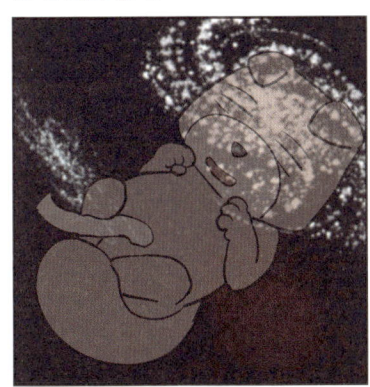

딸꾹질하나? 계속 펄떡거리네?

움찔!

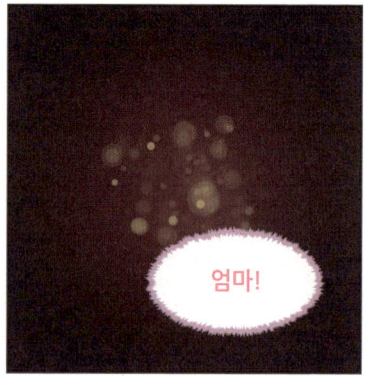

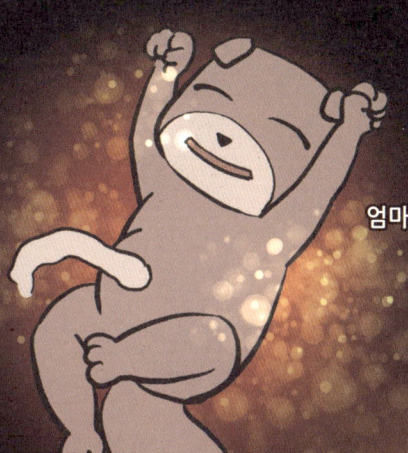

다른 생명과 연결된 이 느낌을
어떻게 설명할 수 있을까.

늘 좋은 것만은 아니다.

episode 29

태동 2

태동은 밖에서도 느낄 수 있다.

꼭 아이에게 말을 걸 필요는 없는 것 같다.

아내를 행복하게 해주자.

아이가 태담을 기억한다는 말엔 회의적이다.

그저 지금 행복하고, 사랑받는다는 확신은

어떤 형태로든 전해질 거라고 믿는다.

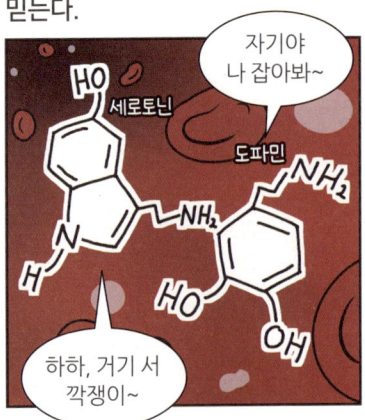

우리가 서로에게 전하는 것처럼.

어떤 느낌이든,

사랑스럽고,

사랑스럽고,

사랑스럽다.

이 순간을 기억하자.

앞으로 고된 날들을 대비해서.

episode 30
임당 검사

임당은 임신 중 호르몬 변화로 인해 원래 없던 당뇨가 생긴 경우다.

출산 후 대부분 회복되지만 임신성 당뇨를 겪은 산모의 약 절반이 20년 내 당뇨병에 걸린다.***

*이는 통상적인 발병률의 3~4배 수준으로, 꾸준한 운동과 바른 식습관 유지를 통한 예방이 중요합니다.

**김민형. "임신성 당뇨병 임신부에서 과체중아의 예측 및 예방." Korean J Perinatol 27. 1 (2016)

임당은 태아의 건강에도 악영향을 미친다.

가장 공통된 문제는 거대아* 다.

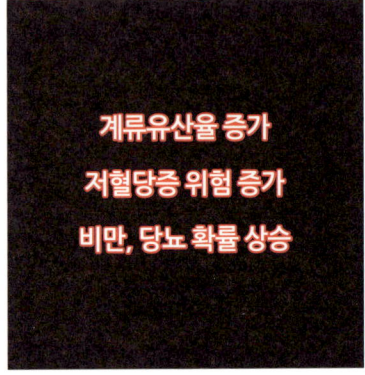

*출산 시 체중이 4kg을 넘는 경우

그냥 타고난 덩치가 큰 예도 있지만

임당으로 인한 거대아의 경우

주요 조직의 균형된 발달이 이루어지지 못해 문제가 된다.

거대아는 난산의 위험을 높인다.

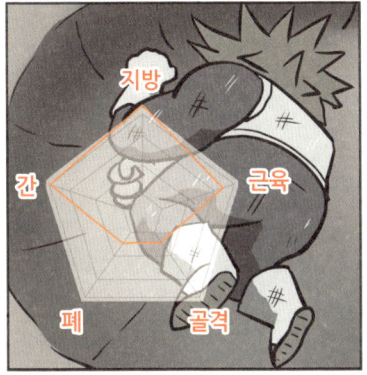

임당 산모는 지혈 능력이 낮아 난산이 치명적인 사고로 이어질 수 있다.

*6화 참조

임당이 확정되면 임신기간 동안 철저한 혈당 관리와 치료가 필요하다.

우선 일상생활 중 50g 당부하 검사를 통해 1차 검사를 시행한다.

*150ml 정도의 포도당이 50g 녹아있는 시럽

맛없음 주의.

1시간 후 혈당이 140(mg/dl) 미만이면 통과!

이 경우 2차 검사가 필요하다.

2차 검사 당일 아침.

2차 검사는 8시간 이상 공복 상태에서 100g 당부하 검사를 한다.

총 4번의 혈당검사에서 2개 이상이 기준 이상이면 임당이 확진된다.

	NDDG 기준	Carpenter-Coustan 기준
공복	105	95
굶고 더블로 가!!		
1시간 후	195	180
2시간 후	165	155
3시간 후	145	140

사용하는 기준은 산모의 나이, 건강 상태 및 각종 과거력을 바탕으로 결정합니다.

전문의 시험 통과보다 기뻤다고 한다.

episode 31
임신중독

임신 30주.

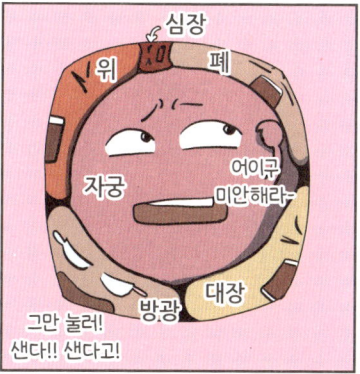

배가 급속도로 불러온다

각종 상술과 오지랖에도 노출된다.

*주의력 결핍 과잉행동 증후군

*식품의약품안전처 불량식품 통합 신고센터

이 무렵 가장 두려운 증상은 임신중독이다.

임신중독은 임신으로 인한 중증 고혈압 질환의 총칭이다.

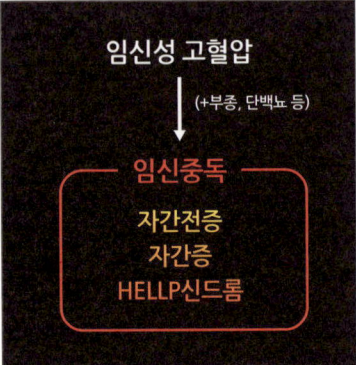

대표적인 증상으로는 (고혈압을 동반한) 두통, 단백뇨, 부종, 시야 흐림 등이 있다.

임신중독의 근본적인 해결책은 출산뿐이다.

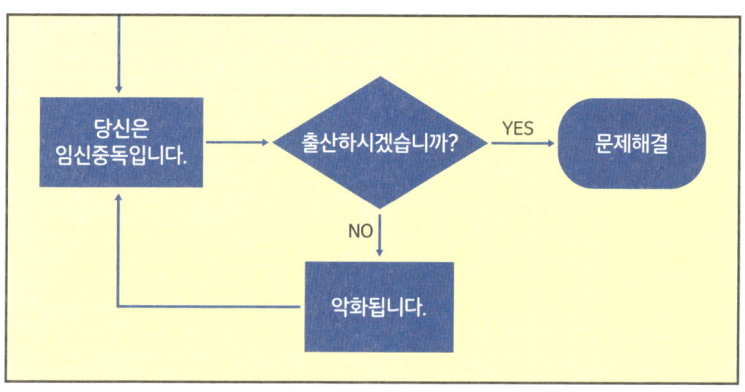

36주 이상이면 별 고민이 없지만

태아가 34주 미만일 때는 결단이 어렵다.

임신중독증에 대한 조치는 곡예와 같다.

미숙아에 대한 조치도 이와 비슷하다.

소아과 전문의 P로로(연령 미상)

산부인과의 역할을 마무리하고 나면
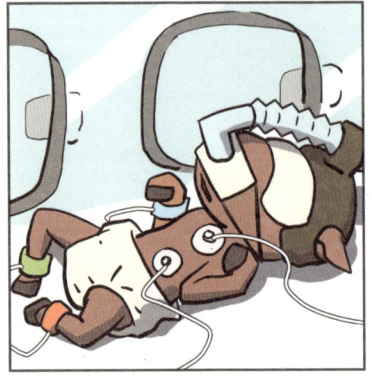

할 수 있는 일은 기도뿐이다.

경과를 예측하기 힘든 환자는 많지만

미숙아의 경우 특히 그렇다.
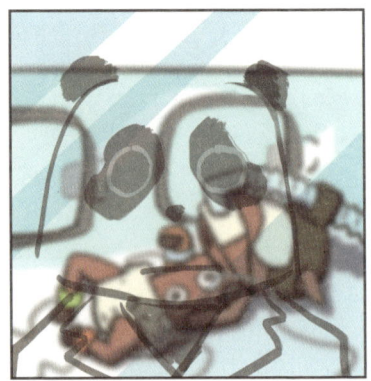

신이시여,  오늘도 의술에 정진함으로

저의 지식과 기술에 부족함이 없길 바라며 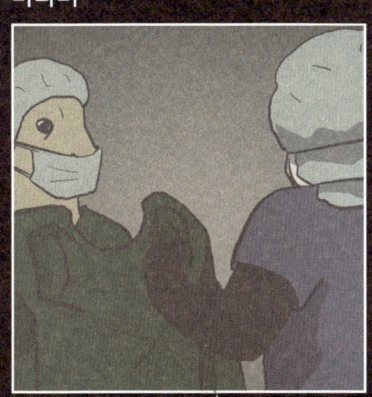 일모의 단서라도 미리 알게 하시어

저의 손과 눈이 늦지 않게 하시고

처음 선서를 읽던 날과 같은
소명감으로

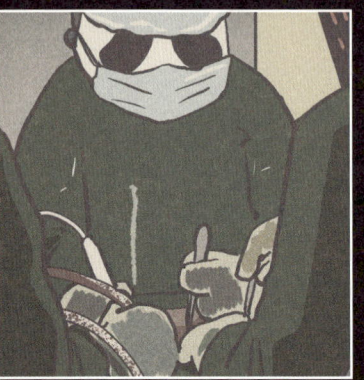

제가 가진 모든 힘을 다한 다음에도

여전히 미약한 생명의 불꽃을
보시거든

그때는 부디…

당신의 힘을 빌려주소서.

-의료인을 위한 기도-
닥터 베르

그리고…

제발
이게 최선이었다고
말해주세요.

episode 32

출산 준비 1

임신 36주.

이젠 분만에 대비해야 한다.

베르가 휴학을 한 건 이 무렵이다.

안다의 소득이 더 높았던 것도 있지만

베르가 육아에 더 적격이라고 생각했다.

일단 베르에겐 근력과 체력.

맨땅에 헤딩으로 다져진 멘탈.

기본권이 박탈된 삶에 대한 선행학습.

동물 케어 능력.

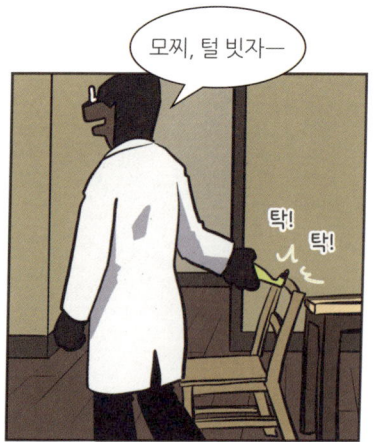

그리고 정체 모를 조련스킬이 있었다.

무엇보다 베르 본인이 육아를 원했다.

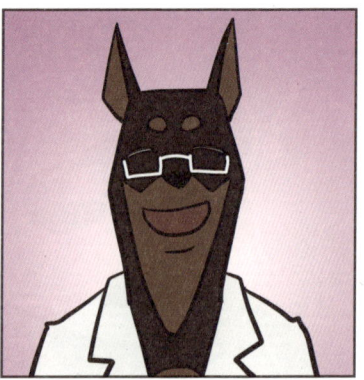

그 전까지의 결혼 생활이 이런 느낌이었다면

이제는 상황이 달라졌다.

서로가 가진 재능을 다시 돌아보고 역할을 나누기로 했다.

가족의 의미에 대해 다시 한번 생각하게 됐다.

휴학 1일째.

episode 33
출산 준비 2

37주(D-21). 안다는 고민에 빠졌다.

당시 안다가 일하던 곳은 규모 있는 분만 병원.

본 작품에 등장하는 병원명은 실제와 무관합니다.

분만 병원은 24시간 당직이 필요하기 때문에

산모분 진통이 심하다고 합니다!

보통 여러 명의 의사가 함께 일한다.

후보1. 전공의 동기 아울(♀)

나는 친한 사이엔 손 떨려서 안 될 것 같아!

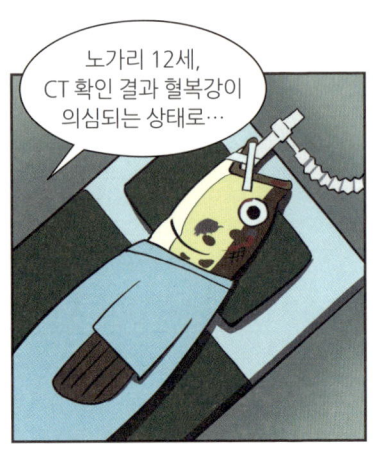

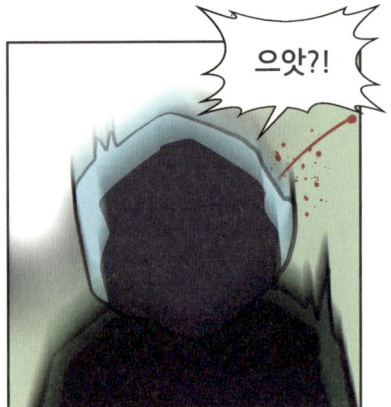

브이백(제왕절개 후 자연분만)은 산모 및 태아 상황에 따라 어려울 수 있으므로 현재는 논외로 합니다.

*자연분만 과정에서 태아가 산도에 있는 유익균(주로 유산균)과 접촉하면서 면역력이 강화된다는 주장

episode 34

레서 탄생 1

제왕절개는 생일을 고를 수 있다는
장점이 있다.

사주팔자 같은 걸 믿는 건 아니지만

기왕이면 의미 있는 날이 좋지 않을까?

레서의 생일 후보는 다음과 같았다.

4월 13일. 대한민국 임시정부 공포 (1919년)

4월 15일. 레오나르도 다빈치 탄생
(1452년)

레서의 생일이 정해졌다.

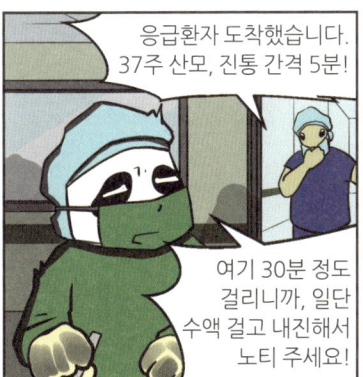

이 상태로 수술을 받고 있으니, 영화 브레이브X트의 명장면을 따라하고 싶어졌다.

자칫 심각한 사고로 이어질 뻔한 순간이었다.

얼마 후, 뽕! 하는 느낌과 함께 몸이 가벼워졌다.

분주해진 수술실 분위기.

그리고 레서와의 첫 만남.

눈물 나고 감동적인 순간일 거라 생각했는데

어쩐지 몰래카메라의 한 장면 같았다.

레서는 까맣고, 이것저것 묻어있었지만 귀여웠다.

수면 상태에서 봉합 과정을 마치고

얼떨떨한 기분으로 회복실에서 눈을 떴다.

곧이어 찾아온 인생 최대의 고통.

이 통증이 2박 3일 정도 지속되는데, 초산 진통이 12~15시간 정도인 걸 감안하면, 일시불이냐 할부냐 정도의 차이인 것 같다.

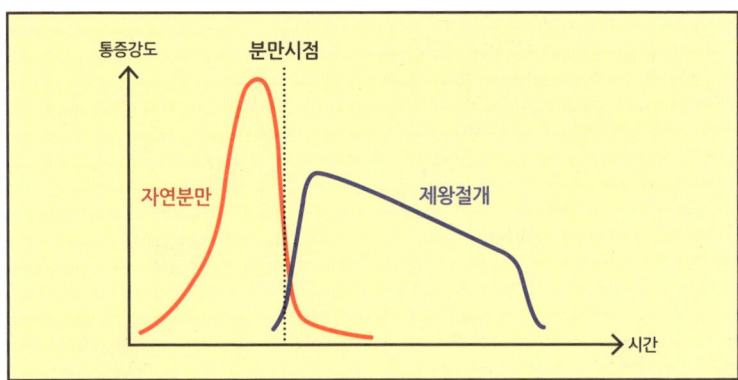

episode 35

레서 탄생 2

그랜드슬램 달성.

분만 직후 저먼 스플렉스는 위험합니다.

초산에 걸리는 시간은 산모마다 달라서*

이런 상황도 종종 발생한다.

*짧게는 1시간, 길면 1박 2일 진통 후 수술

제왕절개는 진통 없이 수술실에 들어가고

30분* 정도면 아이가 나온다.

*수술 상황에 따라 달라질 수 있습니다.

레서와의 첫 만남.

레서의 첫인상은 이랬다.

첫 번째 임무는 탯줄 자르기.

예상보다 무서웠다.

탯줄을 자른 뒤엔 따뜻한 물에 목욕했다.

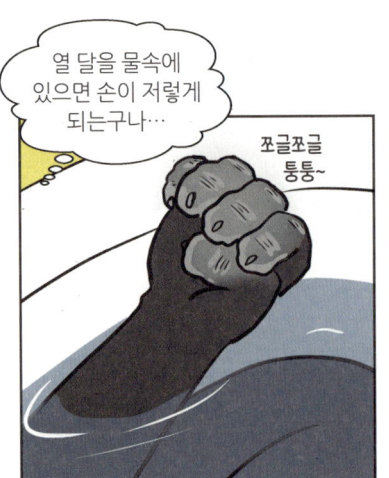

간단한 인사와 함께 손을 잡아주자 울음을 그친 레서.

목욕을 마치고 레서를 처음 품에 안았다.

인생 최고의 감동…

일줄 알았는데 장인어른 생각에 감정이 안 잡혔다.

안다의 상태는 생각보다 양호했는데

마취가 덜 깬 것뿐이었다.

제왕절개는 이때부터 본격적인 간병이 시작된다.

선불이냐 후불이냐 정도 차이인 것 같다.

episode 36

레서 탄생 3

힘겨운 임신 기간 동안 가장 위안이 되는 건

10개월짜리 생리 프리패스권.

다른 이유로* 수개월씩 생리를 안 할 수는 있지만

편하다고 마냥 미루지 말고 제때 치료를 받도록 하자.

평화로운 10개월이 지나면

한 방에 터진다.

오로가
나온대

그나마 수술 후엔 거동이 어렵기 때문에

주로 친정 어머니나

남편의 도움을 받아 해결한다.

이런 준비물들이 도움이 된다.

이때 베르의 기분은 뭐랄까…

지나치게 생생한 야생 다큐멘터리의 한 장면 같았다.

어미가 냄새를 지우기 위해 새끼에게 묻어있는 태반과 분비물을 먹습니다.

사람에 따라서는 트라우마가 되기도 한다.

이 모든 게 자연스러운 사이클이라고 생각하면

새파란 달빛 아래
고개 숙인 네 모습 애처롭구나~

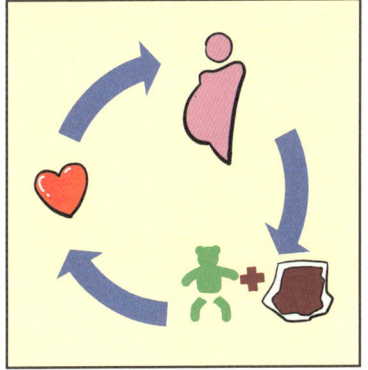

정신적 회복에 도움이 되는 것 같다.

부부마다 편하게 느끼는 거리는 다르다.

문 열고 X 누는 집도 있지만

분만 과정의 공유도 이와 비슷하다고 생각한다.

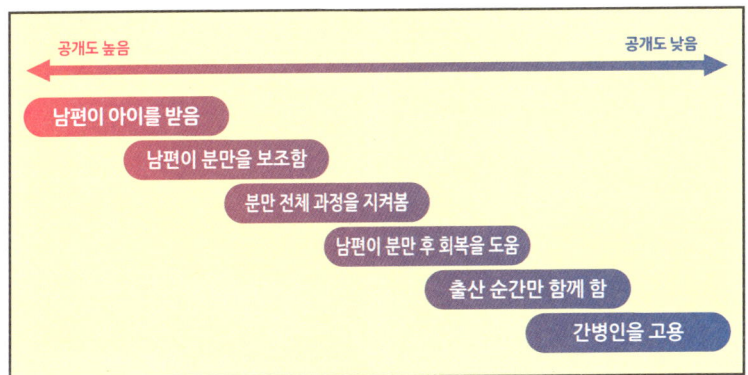

상대방의 입장에 대해서도 충분히 생각하자.

수술한 산모에겐 회복을 위해 조기 거동을 권한다.

하지만 수술 후 조기 거동은 매우 어려웠다.

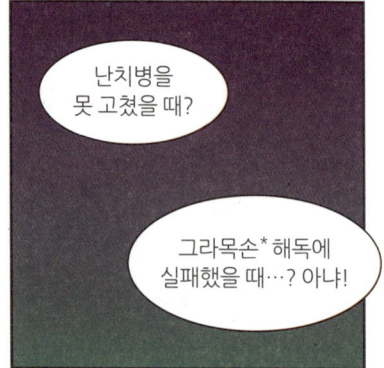

**닥터 안다
에세이**

임신. 출산. 육아.
새로운 생명이 만들어지는 일련의 과정이다.

새로운 생명을 만들기로 마음먹고 몸속에서 오롯이 키워 세상에 내놓는 이 모든 과정은 오랜 기간 의학을 공부하고 산부인과 전문의로 살아온 내가 봐도 매우 신기한 과정이다. 수천 번을 반복해서 보고도 여전히 신비롭고 흥미로운 것을 보면 산부인과가 천직은 맞는 모양이다. 하지만 막상 나 자신이 엄마가 되기에는 적합하지 못하다고 느꼈기에 어디까지나 나는 수많은 산모들의 관찰자이자 조력자 정도의 입장에 머무를 거라 생각했다.

이후 베르와 여러 인생 역정을 겪으며 누군가의 엄마가 되는 것도 한 번쯤은 해볼 수 있을 것 같다는 생각이 들었고, 임신과 출산을 온전히 겪어보는 것도 산부인과 의사로서 좋은 경험이 되지 않을까 하는 막연한 기대감으로 임신을 준비했다.

하지만 막상 처음 임신을 하고, 새벽에 베르에게 그 사실을 알렸을 때 베르의 반응은 내가 선택한 것이 내 생각보다 훨씬 커다란 발걸음이었음을 깨닫게 했고, 그 첫 시도가 허무하게 끝났을 때는 제대로 된 시도를 위한 각오를 다지게 됐다.

운동하기 싫어했던 내가 매일 운동을 하고 식사의 질에도 신경을 쓰고 술조차 중단하고…… 수많은 예비 산모들의 초조함을 직접 겪어보며, 그간 나의 무심함에 상처받은 사람들이 있을 수도 있다는 생각에 미안해졌다. 지난 수년간 사람들에게 설명하던 내용을 스스로 실천하고 겪는 과정에서 나는 나의 부족함과 오만함을 깨달았다. 아, 머리로 알고 있는 것과 몸으로 체득하는 것은 정말 다르구나. 뭐든 처음부터 잘할 수는 없는 일이구나.

새로운 생명을 만나는 길에 놓여있는 많은 두려움과 어려움을 뼛속 깊이 깨달은 지금, 나는 평범한 의사와 환자의 입장보다 사람 대 사람으로 조금 더 가까워졌음을 느낀다. 무심하게 건네는 '너 배가 좀 크지 않니?' '배가 생각보다 작다?' 하는 인사치레에 얼마나 많은 산모들이 아기가 클까 작을까, 양수량이 적진 않을까, 아이의 장기는 괜찮을까, 같은 불안에 시달리는지 여러 사람들에게 말해주고 싶다.

임신과 출산은 삶에 큰 변화를 동반한다. 나는 이 작품을 통해 임신과 출산이 가져올 수 있는 삶의 변화에 대해 의사의 입장에서, 그리고 엄마의 입장에서 가능한 상세하고 구체적으로 전하고 싶다. 레서라는 새로운 세계를 만나며 느꼈던 신비와 감동, 기쁨과 보람부터 두려움과 절망적인 순간까지도 모두 공유하고 싶다.

그렇게 함으로써 '너희는 아이 안 가져?' 같은 무심한 질문에 속으로 눈물을 삼키며 오늘도 진료실을 찾아오는 사람들의 마음을 많은 이들이 알았으면 좋겠다. 엄마라는 이름을 버티느라 내가 원래 무얼 하고 싶었는지, 내가 원래 좋아하던 것이 무엇이었는지 잊어버리고, 고된 일상이 남긴 수많은 잔병을 피곤과 스트레스 탓으로 돌리며, 근본적인 해결책이 될 수 없는 약 몇 알을 받아 다시 그 '일상'으로 돌아가는 어머니들의 뒷모습을 많은 이들이 알았으면 좋겠다. 그렇게 온 세상이 '엄마', '아빠' 그리고 '임신과 출산과 육아'를 이해하게 되면 좋겠다.

그런 내일을 꿈꾸며, 베르는 작업실에서 그림을 그리고, 나는 진료실에서 수많은 친우들과 울고 웃으며 기쁨과 슬픔을 함께하고 있다.

닥터앤닥터 육아일기 단행본을
구입해주셔서 감사합니다 ♥

닥터앤닥터 육아일기 1

초판 1쇄 발행 2021년 4월 15일 | 초판 2쇄 발행 2021년 4월 28일

글·그림 닥터베르

펴낸이 김영진, 신광수
CS본부장 강윤구 | 출판개발실장 위귀영 | 출판영업실장 백주현 | 디자인실장 손현지 | 개발기획실장 김효정
단행본개발파트 권병규, 박현아, 정혜리
출판디자인팀 최진아, 김가민 | 저작권 김마이, 이아람
채널영업팀 이용복, 이강원, 김선영, 우광일, 강신구, 이유리, 정재욱, 박세화, 전지현
출판영업팀 박충열, 황영아, 민현기, 김세라, 정재성, 정슬기, 허성배, 정유, 설유상
개발기획팀 이병욱, 황선득, 홍주희, 이기준, 강주영
CS지원팀 강승훈, 봉대중, 이주연, 이형배, 이은비, 전효정, 이우성

펴낸곳 (주)미래엔 | 등록 1950년 11월 1일 (제16-67호)
주소 06532 서울시 서초구 신반포로 321
미래엔 고객센터 1800-8890
팩스 (02)6455-8816 | 이메일 bookfolio@mirae-n.com
홈페이지 www.mirae-n.com

ⓒ 2021. 닥터베르

ISBN 979-11-6413-695-7 07370
    979-11-6413-694-0 (set)

* 북폴리오는 (주)미래엔의 성인단행본 브랜드입니다.
* 책값은 뒤표지에 있습니다.
* 파본은 구입처에서 교환해 드리며, 관련 법령에 따라 환불해 드립니다.
  단, 제품 훼손 시 환불이 불가능합니다.

> 북폴리오는 참신한 시각, 독창적인 아이디어를 환영합니다.
> 기획 취지와 개요, 연락처를 bookfolio@mirae-n.com으로 보내주십시오.
> 북폴리오와 함께 새로운 문화를 창조할 여러분의 많은 투고를 기다립니다.